A BÍBLIA EXPLICADA

Conheça nossos clubes

Conheça nosso site

@editoraquadrante
@editoraquadrante
@quadranteeditora
Quadrante

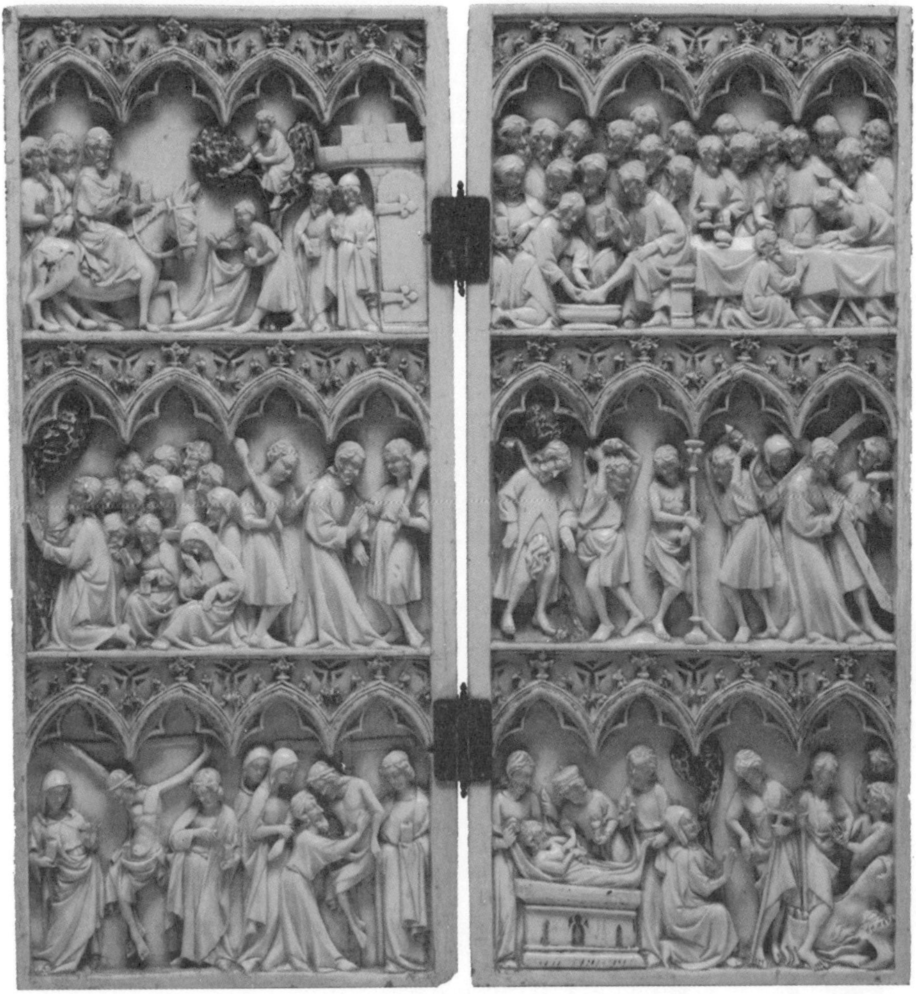

John Bergsma

A BÍBLIA EXPLICADA

Título original
Bible Basics for Catholics

Copyrigth © Ave Maria Press, INC., 2015.

Capa
Gabriela Haeitmann

Dados Internacionais de Catalogação na Publicação (CIP)
(Câmara Brasileira do Livro, SP, Brasil)

Bergsma, John
 A Bíblia explicada/ John Bergsma; tradução Sérgio de Souza. — 1. ed. — São Paulo, SP: Quadrante Editora, 2022.

Título original: *Bible basics for catholics*
ISBN: 978-85-7465-388-4

1. Bíblia. Antigo Testamento - Crítica, interpretação, etc. 2. Convênios - Ensino bíblico 3. Igreja Católica - Doutrinas I. Título.

22-134697   CDD-220.601

Índices para catálogo sistemático:
1. Bíblia : Antigo Testamento : Hermenêutica 220.601

Aline Graziele Benitez - Bibliotecária - CRB-1/3129

Todos os direitos reservados a
QUADRANTE EDITORA
Rua Bernardo da Veiga, 47 - Tel.: 3873-2270
CEP 01252-020 - Sao Paulo - SP
www.quadrante.com.br / atendimento@quadrante.com.br

Sumário

Prefácio 7

Introdução 9

CAPÍTULO 1. O filho no jardim: a Aliança com Adão 17

CAPÍTULO 2. Recomeçar do zero: a Aliança com Noé 39

CAPÍTULO 3. Uma nova esperança: a Aliança com Abraão 47

CAPÍTULO 4. As Leis de Deus e as imperfeições de Israel:
a Aliança com Moisés 65

CAPÍTULO 5. O único e eterno rei: a Aliança de Davi 87

CAPÍTULO 6. Da tempestade à bonança: a Nova Aliança
nos profetas 103

CAPÍTULO 7. O *grand finale*: A Aliança Eucarística 121

CAPÍTULO 8. A consumação da Aliança: as Bodas do Cordeiro... 149

Notas 167

Sugestões de leitura 183

Orientações para estudo 185

Prefácio

Quando eu era jovem, meu pai costumava dizer: «Os melhores perfumes vêm nos menores frascos». No entanto, eu nunca tinha entendido realmente o significado daquilo, especialmente quando chegava perto do Natal.

O livro que você tem em mãos pode parecer pequeno, mas você logo descobrirá que contém algo realmente grande. Esse algo é um breve, mas profundo, resumo do plano de Deus nas Sagradas Escrituras.

Dado o tamanho da Bíblia, bem como o tempo e esforço necessários para percorrer todo o Antigo e o Novo Testamentos, uma pequena ajuda pode ser de grande valia. E você descobrirá que este livro oferece muito mais do que uma pequena ajuda.

Devo admitir que o autor, John Bergsma, é um bom amigo e colega, alguém com quem tenho o orgulho de ter colaborado numa gama de projetos, a maioria dos quais relacionados com a Bíblia. Talvez eu deva admitir outra coisa: que em mais de uma ocasião fiquei do lado de fora de sua sala de aula, escutando e aprendendo com suas aulas sobre as Escrituras.

Acredite: eu nunca me decepcionei — e você também não vai se decepcionar.

Neste livro, o dr. Bergsma lhe oferecerá o mesmo que oferece a seus alunos. Com uma prosa clara e desenhos leves e alegres, condensa as verdades profundas da Palavra de Deus e as comunica com grande sabedoria e perspicácia, as quais extrai da tradição viva da Igreja e dos melhores estudiosos contemporâneos da Bíblia.

Deixe que ele o conduza por uma viagem pela história da salvação, oferecendo-lhe uma «visão panorâmica» do drama da Sagrada Escritura. Quando a jornada chegar ao fim, você não terá apenas um «quadro geral» da Bíblia, mas se sentirá inserido no enredo, que é a história do plano paternal de Deus para seus filhos e filhas, isto é, todos e cada um de nós.

Ao longo do caminho, você também descobrirá por que o curso introdutório («Princípios do Estudo Bíblico») no qual se baseia este livro continua sendo um dos mais populares em nossa instituição, a Universidade Franciscana de Steubenville. O melhor de tudo é que você passará a enxergar a Bíblia sob uma luz totalmente nova e a lerá com mais sabedoria e discernimento pelo resto de sua vida.

Acredite em nosso Pai: os melhores perfumes vêm nos menores frascos.

Scott Hahn

Introdução

Você deveria conhecer a Bíblia melhor do que conhece e provavelmente se sente um pouco culpado por não conhecê-la. Vamos lá, admita. Você sabe que é verdade. Eu sei que é verdade. A maioria de nós, católicos que vamos à Missa semana após semana, ouve um monte de homilias, programas de televisão ou *podcasts* que nos incentivam a conhecer melhor as Escrituras. A maioria de nós já ouviu alguém citar algum dos papas dizendo: «As escrituras são cartas de amor escritas por nosso Pai celestial»; ou a famosa frase de São Jerônimo: «Ignorar as Escrituras é ignorar a Cristo».

Sabe como nos sentimos ao ouvir essas citações? Ignorantes. E talvez culpados. Culpados porque realmente não lemos a Bíblia o suficiente.

Alguns de nós tentamos. Tomamos a decisão de ler a Bíblia inteira em um ano ou de seguir algum plano parecido. Na melhor das hipóteses, passamos pelo Gênesis, talvez pelo Êxodo, mas, assim que chegamos às leis e sacrifícios do Levítico, é fim de jogo.

Acumular mais conhecimento não necessariamente ajuda. Você se inscreve no curso bíblico de sua paróquia ou em alguma universidade. Os professores passam o tempo todo explicando que nada daquilo foi realmente escrito pelos apóstolos ou pelos profetas cujos nomes estão nos livros — foi tudo elaborado muito mais tarde por alguém chamado «P» ou «Q» e suas «comunidades» —, e você acaba mais confuso do que nunca a respeito da Bíblia.

Conheço esse sentimento. Cresci em um lar onde *tentávamos* ler bastante a Bíblia. Não, eu não era católico — só me tornei mais tarde, mas essa é outra história. De qualquer forma, quando eu tinha doze anos, minha mãe começou, ao longo de um ano, a ler a Bíblia comigo. Não consegui manter a constância o tempo todo, embora tenha me dedicado arduamente ao longo dos anos — e, mesmo sem entender tudo, em alguns momentos consegui chegar a uma compreensão mais clara a respeito de certas histórias e ensinamentos interessantes.

Mais tarde, já nutrindo maior interesse pela Bíblia, ingressei em alguns programas de pós-graduação nas Escrituras. Na verdade, depois da minha formatura no ensino médio, fiz tantos cursos sobre a Bíblia que, após doze anos de estudo, consegui um mestrado e um doutorado na área. Estranhamente, no entanto, ainda não havia adquirido uma certeza maior do que aquela que tivera aos doze anos, isto é, não sabia se conseguiria compreender claramente a conexão que havia naquilo tudo que tinha estudado.

Para ser bem claro, aprendi muito na graduação a respeito da linguagem com que as escrituras foram escritas; um pouco sobre o que outras pessoas disseram sobre a Bíblia nos últimos dois mil anos; e uma grande variedade de teorias sobre o que «realmente aconteceu» em diferentes pontos da Bíblia e sobre quem «realmente» escreveu aquele texto e por quê. Mas não entendi muito acerca do tema central das Escrituras. Sabia que, no fim das contas, a Bíblia, tal qual os cristãos a entendem, concentra-se em Jesus. Mas eu ainda não conseguia dar um passo além e percebê-la como livro vindo diretamente de Deus.

Somente anos após ter terminado meu doutorado sobre as Escrituras, quando fui forçado a me preparar para ensinar a Bíblia para os calouros da faculdade, foi que comecei a perceber a unidade bíblica segundo o conceito de aliança. Nada disso foi inventado por mim: bons amigos (um em particular), bons livros e a liturgia da Igreja me ajudaram a percebê-lo.

O que desejo compartilhar com você neste livro é precisamente esse «quadro geral» da Bíblia que eu gostaria de haver tido à disposição quando comecei a ler as Escrituras seriamente há cerca de trinta anos. Sinto que levei doze anos de estudos depois do ensino médio apenas para descobrir o ponto de partida — e o descobri quase por acidente. Minha esperança é a de que você não tenha de esperar doze anos para chegar à estaca zero.

Caso possa percorrer comigo alguns capítulos curtos, creio que o quadro geral da Bíblia começará a fazer mais sentido. Além disso, contamos com a ajuda de alguns — ótimos — desenhos de palitinhos! Vou usar o que chamaremos vagamente de «arte» para estabelecer alguns pontos-chave — muito úteis, aliás, para a próxima vez que você jogar *Imagem e ação*. Esses desenhos buscam expôr as «alianças» da Bíblia, concentrando-se em uma sequência de «mediadores das montanhas».

Tudo começa com a Aliança

Tentarei usar um vocabulário o menos grandiloquente e técnico possível. Em parte, porque não acho que isso seja tão útil ou necessário. O apóstolo João escreveu o livro mais vendido e influente do mundo — seu Evangelho — usando um vocabulário de terceira ou quarta série. No entanto, o que ele conseguiu dizer usando palavras tão simples continua a surpreender o mundo desde então — ainda que ali existam alguns termos sobre os quais provavelmente deveríamos refletir.

O primeiro é «aliança». Todos já ouvimos essa palavra na Missa, embora possamos não lhe ter dado muita atenção. Uma das Orações Eucarísticas (aquelas recitadas pelos padres durante a segunda metade da Missa) inclui uma frase da qual você deve se lembrar: «Oferecestes muitas vezes aliança aos homens e mulheres e os instruístes pelos profetas na esperança da salvação». Esse pequeno trecho é uma maneira de resumir quase toda a mensagem da Bíblia. Este livrinho que você tem nas mãos não passa de uma breve explicação do que está contido nessa frase.

Outro momento, agora mais conhecido, no qual ouvimos a palavra «aliança» é quando o padre consagra o cálice na Missa. Por anos escutamos: «Este é o cálice do meu sangue, o sangue da nova e eterna aliança».

São João Paulo II, apelidado agora por muitos de João Paulo, o Grande, chamou muitas vezes a Eucaristia de «fonte e ápice da vida Cristã». E, na Missa, a Eucaristia é chamada de «aliança». Portanto, a aliança deve ser algo muito importante. Como de fato é.

Mas o que é uma «aliança»?

Alguns dirão que uma aliança é como um contrato, com a diferença de que nela estão envolvidas pessoas, e não bens. Em alguma medida, isso está certo. Outros dirão que a aliança é *uma forma legal de tornar alguém parte de sua família* — obviamente, alguém que não fazia parte de sua família antes. E essa é uma definição muito útil para nossos propósitos.

Dois excelentes exemplos de aliança são a adoção e o casamento. No caso da adoção, pelo menos no mundo antigo, você pegaria uma criança que não tinha nenhuma relação com você, a levaria diante dos sacerdotes, dos anciãos da aldeia ou de algum outro oficial e juraria solenemente que, a partir de então, aquela criança seria sua, ao que você voltaria para casa com um novo filho ou uma nova filha. No caso do casamento, até hoje ficamos diante de um padre, um ministro ou, no mínimo, um juiz e prestamos um juramento solene um ao outro. Duas pessoas entram no templo (ou no cartório), João da Silva e Maria dos Santos, e saem marido e mulher. Dois «estranhos» se tornaram uma família ao fazerem uma aliança. Então, quando o padre reza na Missa: «Oferecestes muitas vezes aliança», isso significa que, «Deus tem tentado repetidamente fazer de nós sua família».

O casamento talvez não seja tão popular como costumava ser há uma geração. As pessoas o adiam cada vez mais, se é que chegam a se casar. Os relacionamentos são casuais — rapazes e garotas «ficam» por um tempo e depois «terminam», passando para o próximo. Os solteiros vivem com medo daquela palavrinha que começa com C: *compromisso*.

Deus, por sua vez, acredita no casamento e na família. O relacionamento que busca com todos nós, e com cada um de nós pessoalmente, não é apenas um caso fortuito, uma brincadeirinha inconstante entre namorados. O relacionamento de aliança que Ele quer conosco é um casamento: flores e chocolate, um grande anel de diamante, «até que a morte os separe», uma casa grande, os pequeninos correndo pela sala... Sim, Deus está interessado em crianças e filhos — eles completam a família. A Bíblia diz o mesmo: «O que Ele deseja? Filhos piedosos» (Ml 2, 15).

Deus tem tudo a ver com um compromisso e um amor que duram «até que a morte nos separe» e que vai além, porque nem mesmo a morte nos separa de Deus. Tudo isso está condensado na pequena palavra «aliança».

Mediador

Além de «aliança», há outro termo um tanto técnico sobre o qual precisamos falar: «mediador». Muitas vezes, nos tempos antigos, acontecia de as pessoas quererem fazer alianças que envolviam mais de duas pessoas. Por exemplo, talvez um rei quisesse deixar um grupo de estrangeiros ingressar em sua «família» (que era basicamente o seu reino); ele então faria uma aliança com eles. Normalmente, uma pessoa dava um passo à frente a fim de representar o grupo com o qual a aliança era feita — e essa pessoa era o «mediador».

Desta forma, podemos falar em «mediadores da aliança», com o que queremos nos referir aos indivíduos que representam grupos de pessoas contempladas por uma aliança. Na Bíblia há um número importante de mediadores assim. Entre os mais significativos estão Adão, Noé, Abraão, Moisés, Davi e Jesus.

Cada um fez uma aliança com Deus e cada um representava, ao mesmo tempo, um grupo que fazia uma aliança com Deus por meio deles.

Montanha

O último termo que precisamos definir é «montanha». Bem, na verdade não precisaríamos defini-lo porque todo mundo sabe o que é uma montanha, exceto pessoas de lugares majoritariamente planos, como Illinois, Louisiana e Flórida. Mas eu discordo. Acho que precisamos falar sobre as montanhas mesmo assim, sobre por que elas são importantes.

Ao longo da Bíblia, Deus fez pelo menos seis grandes alianças com os homens que mencionei acima: Adão, Noé, Abraão, Moisés, Davi e Jesus. Anos atrás, quando estava ensinando a linha do tempo da Bíblia pela primeira vez — a qual chamamos de «história da salvação» —, andava procurando maneiras de simplificar e visualizar esse padrão de alianças. Procurando por algo que elas tivessem em comum, notei que cada qual *foi firmada no topo de uma montanha*.

Isso não poderia ser coincidência. Deve haver algo nas montanhas que as torna mais propícias para o encontro com Deus. O que poderia ser?

Há alguns anos, um padre velho e sábio me disse que as montanhas podem nos fazer sentir mais perto de Deus. Existem algumas razões para isso: em primeiro lugar, seus picos tendem a ser lugares solitários. Sem os ruídos e as pessoas de sempre ao redor, é mais fácil se concentrar na realidade fundamental: você e Deus.

Em segundo lugar, os picos das montanhas nos ajudam a enxergar as coisas com «os olhos de Deus». Quando vista lá do alto, a fazenda em que talvez você viva, e que parecia tão grande quando você estava no vale, fica do tamanho de um selo postal. Agora você pode notar que ela é apenas mais uma das dezenas, ou mesmo centenas, de fazendas que se estendem por todas as direções até o horizonte. Coisas que pareciam intimidantes lá embaixo agora parecem pequenas; e você passa a ver que elas fazem parte de um padrão muito maior, que antes não era visível.

Do alto de uma montanha (1) você está mais ou menos sozinho com Deus; (2) você tem uma visão muito mais ampla; (3) tudo parece menor; (4) você vê tudo *no contexto*, ou seja, junto com seu entorno. Talvez estas sejam algumas razões pelas quais as pessoas se sentem mais perto de Deus no topo de uma montanha e descrevem fortes sentimentos religiosos como «experiências de montanha».

Pode ser que você queira ler e discutir este livro com outros amigos ou com algum grupo da paróquia ou da escola. Se for esse o caso, você encontrará no final do livro questões úteis de estudo que podem orientar o debate.

O show não pode parar

Como introdução, isso é tudo. A seguir, faremos um rápido passeio pela Bíblia, enfatizando cinco experiências «de montanha» com os mediadores Adão, Noé, Abraão, Moisés e Davi. Então, falaremos sobre os profetas que prenunciaram uma «Nova Aliança» no topo de uma nova montanha, o celestial Monte Sião. Veremos que o que os profetas anteviram se realizou, muita vezes de forma inesperada, por meio da Aliança Eucarística estabelecida por Jesus nos evangelhos. Por fim, concluiremos com uma breve visão da beleza que nos espera no fim dos tempos: com a aliança matrimonial da «Noiva» e do «Cordeiro» no livro do Apocalipse.

CAPÍTULO 1

O filho no jardim: a Aliança com Adão

Leitura sugerida: Gênesis 1-2

Qual o sentido da vida?

Qual o sentido da vida? Não é essa a questão que todo mundo deseja ver respondida?

Quando eu era adolescente, meus amigos e eu costumávamos nos entreter com a hilária série de livros *O guia do mochileiro das galáxias*, de Douglas Adams. O personagem principal da série, Arthur Dent, acabaria descobrindo que o sentido da vida é «42». Adams estava sendo cínico — ateu convicto, achava que não havia sentido na vida. Responder à pergunta com um número aleatório foi o modo mais perspicaz que ele encontrou para abordar o assunto. Naquele tempo, eu achava os livros de Adams divertidos porque, como cristão, eu não podia levá-los a sério. Se eu *realmente* achasse que não havia melhor resposta para o sentido da vida do que «42», não teria sido engraçado. Teria sido deprimente.

A busca pelo sentido da vida está relacionada à busca de nossas origens. «Por que estamos aqui?» está ligado ao «De onde viemos?». As pessoas sempre foram fascinadas por genealogias — ao menos pelas suas próprias. Lembro-me do espanto que senti quando meu tio mais velho deu à minha família uma cópia da genealogia dos Bergsma que ele mesmo havia elaborado — um rolo estreito de papel com metros de comprimento, contendo nossos ancestrais até os fazendeiros e comerciantes holandeses dos anos 1700, com seus nomes estranhos e há muito esquecidos. Havia até uma sugestão de que poderíamos ter algum sangue em comum com a família real holandesa.

Hoje em dia, a internet tem vários sites que o ajudarão a rastrear sua ascendência, e tudo de maneira bem rápida. Por quê? Por que as pessoas se importam com quem foram seus antepassados?

De alguma forma, saber de onde viemos nos ajuda a descobrir para onde devemos ir. Conhecer os ancestrais dá sentido à vida aqui e agora. Talvez seja por isso que a Bíblia dedique tanto espaço para falar sobre nosso primeiro pai, Adão, e sua esposa Eva, nossa primeira mãe. A Bíblia é bastante específica ao falar do porquê Adão foi feito e de qual seria seu papel no universo. Além disso, Adão foi e é um modelo para todos nós. O propósito (ou significado) de sua vida continua sendo o propósito de cada uma de nossas vidas. Antes de darmos uma olhada no propósito (ou *propósitos*) da vida de Adão, tenha um pouco de paciência para que possamos traçar um pano de fundo para nossa história. Afinal, Adão não foi a primeira coisa que Deus criou.

A semana da Criação: construindo um Templo

Todo mundo conhece os «seis dias da criação» descritos no livro do Gênesis. Atualmente, o assunto vem à tona quando as pessoas opõem o «criacionismo» ao «darwinismo», ou quando as escolas precisam decidir os textos e critérios que irão adotar. As pessoas naturalmente querem saber: «Esses seis dias... são seis dias mesmo?»; «A Terra é realmente tão jovem?»; «Como essa história se enquadra com o Big Bang e a evolução?».

Todas essas perguntas são válidas, mas precisamos colocá-las em segundo plano porque não são as questões mais importantes que o escritor do Gênesis queria responder. Antes, o autor inspirado desejava nos ensinar a respeito do propósito para o qual Deus fez o mundo. A Bíblia começa com uma declaração sumária: «No princípio, Deus criou o céu e a terra». A partir de então, vai detalhando como Ele fez isso.

O versículo seguinte diz: «A terra estava sem forma e vazia; as trevas cobriam o abismo e o Espírito de Deus pairava sobre as águas» (Gn 1, 2). A imagem aqui é de um mundo — ou universo — que existe, mas ainda não está terminado. Ele tem dois problemas: é «sem forma» e «vazio».

O Gênesis foi escrito em hebraico e, em hebraico, as palavras «sem forma» e «vazio» formam a divertida frase *tohu wabohu* — uma frase com rima que descreve uma situação de caos. Mais especificamente, *tohu* significa «sem forma», isto é, «informe» ou «amorfo», e *bohu* quer dizer «desabitado» ou «vazio».

Assim, Deus chama o cosmos à existência, mas tem dois «problemas»: ele é informe e vazio. Precisa ser formado e preenchido. É o que Deus se propõe a fazer nos seis dias seguintes.

Não é muito difícil desenhar isso. Desenhar nos ajuda a lembrar das coisas e torna mais fácil explicá-las para outras pessoas, como seus filhos, uma turma de catecismo ou mesmo sua esposa (a propósito, se for você mesmo quem vai reproduzir os esboços deste livro, é melhor usar algo que possa ser apagado, pois às vezes as figuras mudam à medida que vão sendo traçadas).

A fim de ilustrar os dias da criação, vamos desenhar uma tabela e dividi-la em seis quadrados. Faça a tabela tão grande quanto possível, porque precisaremos desenhar dentro de cada quadrado:

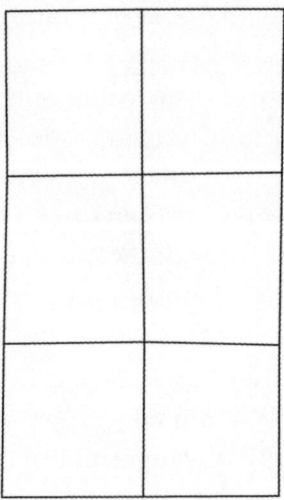

Agora enumere os quadrados de um a seis, a começar pelo canto inferior esquerdo:

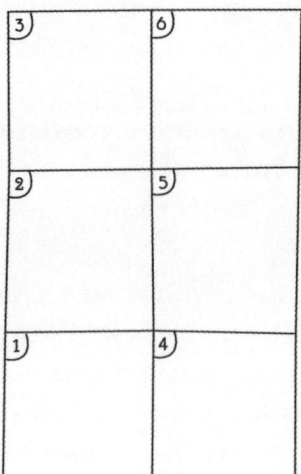

Os quadrados do lado esquerdo (de 1 a 3) representam os três primeiros dias da criação, nos quais Deus enfrenta o «problema» da ausência de forma. Ele irá criar e moldar a criação, iniciando pelo primeiro dia, quando cria a luz e as trevas, chamando um de «dia» e o outro de «noite».

Isso é fácil de ilustrar. Basta fazer um traço diagonal em cada quadrado. Preencha a metade inferior com lápis:

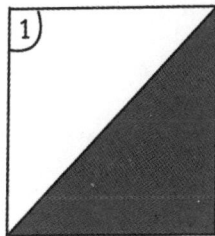

Muito bem. Você acabou de ilustrar o primeiro dia, a criação da luz e da escuridão, do dia e da noite. Esta é a criação do tempo; então escreva a palavra «Tempo» ao lado do seu diagrama:

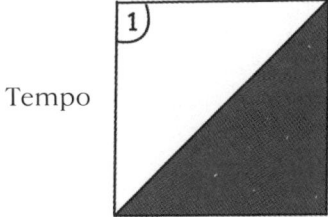

No segundo dia, Deus cria as grandes extensões do espaço: os céus e os mares. Não são traços difíceis. Para desenhar o mar, faça uma linha ondulada assim:

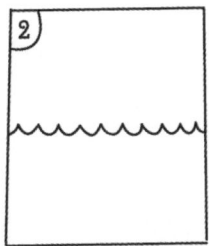

E, para o céu, uma ou duas nuvens devem servir:

Porque Deus formou assim o espaço, escreva «Espaço» ao lado:

No terceiro dia, Deus cria a terra e a vegetação. Façamos uma ilha no «mar» com uma curva simples.

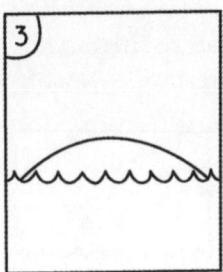

Uma árvore e algumas folhas de grama podem representar a vegetação.

Vamos escrever «Habitat» ao lado. A terra e a vegetação fornecerão um lar aos animais e, por fim, também aos seres humanos.

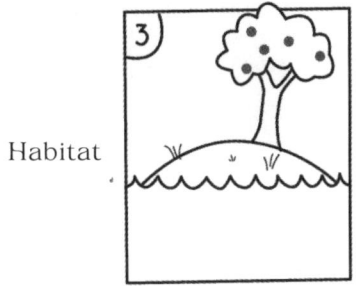

Ao fim de três dias, Deus resolveu o problema de uma terra «sem forma». O cosmos é formado, mas permanece *bohu*, vazio. Os próximos três dias (dias 4-6) serão dedicados a essa questão. Primeiro, o reino do tempo — o dia e a noite — fica cheio de habitantes: o sol, a lua e as estrelas. Estes são fixados para marcar a passagem do tempo e indicar as «estações», em hebraico *mo'ed*, que significa especificamente as «estações litúrgicas». Em outras palavras, o sol, a lua e as estrelas marcam a passagem do tempo para que as pessoas saibam quando adorar e cultuar a Deus. O sol e a lua estão lá para lhe dizer quando ir à Missa!

O sol pode ser um círculo simples, com algumas formando seus raios:

A lua é um crescente básico, e as estrelas são bem fáceis de desenhar:

O reino do tempo será habitado.

No quinto dia, Deus passa a preencher os grandes espaços com os pássaros e os peixes. Alguns traços bem desenhados podem servir como peixes e aves:

Apenas o «Habitat» resta agora. No sexto dia, Deus faz os animais e o homem (Adão). Para representar os animais, dê o melhor de si. Gosto, particularmente, de fazer uma cobra e uma girafa. Para desenhar Adão, serve um tradicional boneco de palito:

A criação está quase completa — exceto pelo clímax, o «telhado» de todo o edifício: o sétimo dia, o sábado, o dia de descanso e adoração. Assinalemos isso colocando um telhado por cima de tudo:

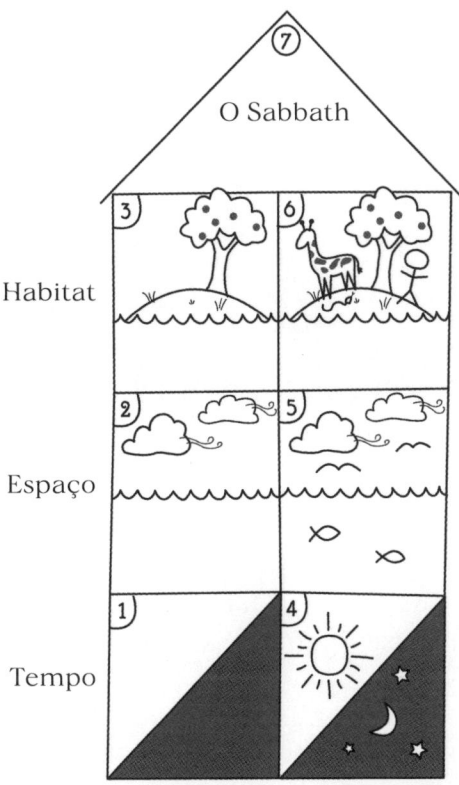

A estrutura que estamos construindo é a de um templo. Como cristãos, identificamos o lugar de culto com uma cruz; então, se quiser colocar um campanário e uma cruz no topo, vá em frente:

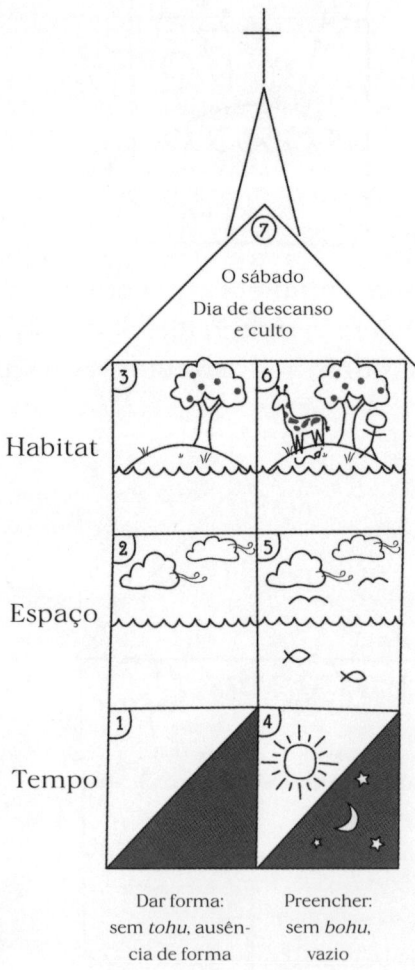

Parabéns! Você acabou de desenhar o *templo-universo* que Deus construiu em sete dias. E talvez esteja se perguntando: como sabemos que esse «edifício» da criação é um templo? Eis algumas razões:

1. A linguagem da criação se assemelha à linguagem de Moisés construindo o Tabernáculo no deserto (compare Gn 2, 1-3 com Ex 39, 32.42-43).

2. Alguns trechos das Escrituras falam da criação como um templo (cf. Sl 78, 69; Sl 148).

3. Em outros escritos antigos da mesma época do Gênesis, fica claro que as pessoas consideravam todo o universo uma espécie de templo de adoração a Deus (ou aos deuses). Essa era uma ideia comum nos tempos antigos.

Agora podemos retornar às nossas perguntas ou questões acerca da criação de Adão. Qual era o propósito de sua vida? A primeira coisa que a Bíblia nos conta sobre Adão é que foi criado «à imagem e semelhança de Deus». O que isso significa? Se dermos uma olhada rápida em Gênesis 5, 3, conseguiremos uma pista sobre o que significa ser «feito à imagem e semelhança». Ali, lemos: «Adão viveu cento e trinta anos e gerou um filho à sua *semelhança*, à sua *imagem*, e deu-lhe o nome de Set». O que significa, pois, ser «imagem e semelhança»? Significa *ser filho*. O termo teológico mais elegante seria *filiação divina* — e estamos falando aqui em ser filho de Deus.

Esta é a primeira coisa que precisamos saber sobre Adão. Ele era o filho de Deus (cf. Lc 3, 38). Desenhemos Adão. Um boneco palito há de servir:

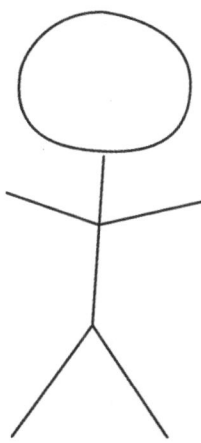

Para indicar que é filho de Deus, colocarei nele um sorriso e farei seu rosto brilhar com a glória divina:

O que mais a Bíblia nos diz sobre Adão? O capítulo 2 do Gênesis nos conta que Deus plantou um jardim no Éden e ali colocou Adão para «cultivá-lo e conservá-lo». Há um jogo de palavras sendo usado aqui. Na língua hebraica, esta frase significa literalmente «servi-lo e guardá-lo». É incomum encontrar esses dois verbos juntos na Bíblia. Não os encontraremos juntos novamente até muito mais tarde, em Números 3, 7-8, onde ambos os verbos — «servir» e «guardar» — descrevem juntos o que os sacerdotes fazem no local de adoração. Para o leitor antigo, a incumbência de «servir e guardar» dada a Adão no jardim tinha um tom sacerdotal. Os leitores antigos provavelmente entendiam que o Éden era o templo original. Os templos posteriores foram decorados para parecer-se com ele.

É este o ponto: Adão desempenhava um papel sacerdotal no Éden, o templo original.

Coloquemos uma estola em Adão para indicar que ele é um sacerdote.

Mas isso não é tudo. Adão teve outras duas funções além de seu sacerdócio. Em Gênesis 1, 26.28, é dado a Adão o «domínio» sobre todas as outras criaturas da terra. Vou poupá-los de todos os estudos de linguagem sobre o termo «domínio» e ir direto ao ponto: este é o papel de um rei. Adão era o rei de todas as coisas vivas da terra. Os judeus antigos partiam desse princípio.

Isso é bem fácil de ilustrar. Vamos colocar uma coroa em Adão.

Em seguida, vemos que, em Gênesis 2, 18-20, Deus confere a Adão a tarefa de nomear os animais. Isso pode não parecer grande coisa para nós, mas, nos tempos antigos, dar nome era um privilégio muito importante. Apenas o criador de algo poderia dar um nome a esse algo — se escreveu uma canção, completou uma escultura ou gerou um filho, você tem o direito de nomeá-lo — e ninguém mais. Aqui, Deus está fazendo de Adão seu representante e dando-lhe um privilégio divino — o direito de nomear as criaturas de Deus. E não só: como Adão dá nomes às criaturas, está realmente falando em nome de Deus. Como chamamos uma pessoa que fala em nome de Deus? Profeta.

De que forma podemos representar Adão como profeta? O papel do profeta é falar, então coloquemos nele uma boca bem grande:

Há ainda um último papel para Adão. A Bíblia nos diz que, entre os animais, não foi encontrada «auxiliar que lhe fosse adequada», e por isso o Senhor o fez entrar em sono profundo e criou, a partir de uma costela sua, a mulher para fazer-lhe companhia. Na manhã seguinte, quando Eva foi apresentada a Adão, ele rejubilou-se e entoou um belo poema:

> Ossos dos meus ossos,
> carne da minha carne,
> será chamada mulher
> porque do homem foi tirada.

Alguns consideram esse o primeiro poema encontrado na Bíblia. Por meio dele, vemos o efeito civilizatório que Eva teve sobre Adão. Até ali, ele estivera apenas sentado, ocupando-se de nomear os animais: *Cachorro! Macaco! Salamandra!* Agora, porém, ele vê a mulher e se transforma no Bardo, entoando sonetos em pentâmetro iâmbico (bem, não exatamente, mas você entendeu). Talvez o autor sagrado quisesse assinalar que a chegada da mulher é um dos pontos altos da criação divina e que a mulher traz à tona o que há de melhor no homem.

Além de ser um poema, esta breve e elegante declaração de Adão («Osso de meus ossos...») é a linguagem típica das alianças. Ele está declarando que Eva é sua parente (parte de sua família), e é justamente isso o que se faz em uma aliança: tornar alguém seu parente. Até hoje, na maioria dos casamentos, um homem e uma mulher sem parentesco algum entram em uma igreja (ou cartório) e, quando saem, o fazem como Sr. e Sra. Fulano. Passam a compartilhar de um sobrenome. Tornaram-se uma família. Nesta passagem do Gênesis estamos testemunhando os primeiros noivo e noiva e o primeiro «matrimônio», celebrado pelo próprio Deus. Desta forma, podemos completar o último papel de Adão: noivo. Para isso, vamos colocar um anel em seu dedo.

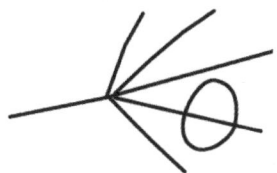

Ele também não é um noivo qualquer. É o noivo *universal*, casado com toda a humanidade. Claro, naquele momento «toda a humanidade» consistia em apenas outra pessoa, mas, ainda assim, ele é casado com o resto da raça humana. Isso nos oferece o retrato final de Adão de acordo com Gênesis 1-2: primogênito, rei, sacerdote, profeta e noivo.

Mas... e daí?

Por que estamos falando nas funções desempenhadas por Adão? Começamos este capítulo com as perguntas: Qual é o sentido da vida? Qual é o nosso propósito aqui na terra? A Bíblia aborda isso nos primeiros capítulos, em que pinta um quadro de Adão, que é modelo para todo ser humano. Todos nós somos chamados a ser filhos (ou filhas) de Deus e, portanto, reis, rainhas, sacerdotes, profetas e noivos.

E o que isso significa na prática? O *Catecismo da Igreja Católica* trata dos papéis de sacerdote, profeta e rei na vida de cada cristão em seus parágrafos 901-913. No entanto, vou fazer meu próprio resumo.

Como Adão, devemos ser reis. Isso não significa, porém, que devemos ter poder político e «governar» outras pessoas. Jesus não ficava preocupado ou muito impressionado com o poder político. Pôncio Pilatos, por exemplo, o distinto governador romano da Judeia, frustrou-se com Jesus a ponto de dizer: «Não queres falar comigo? Não sabes que tenho poder para libertar-te para crucificar-te?». Jesus mal moveu uma sobrancelha: «Não terias poder algum sobre mim, se de cima não te fora dado» (Jo 19, 11).

O tipo de realeza que Jesus quer nos dar é a realeza sobre nós mesmos, sobre o pecado e sobre Satanás. Qualquer um que não domine a si mesmo, ao pecado e a Satanás é um escravo, não importa quanto poder político tenha. Jesus disse: «Todo homem que se entrega ao pecado é seu escravo», mas, «se o Filho vos libertar, sereis verdadeiramente livres» (Jo 8, 34-36). E se Jesus tivesse se encontrado com Napoleão, Stalin ou Mao Tsé-Tung cara a cara? Teria ficado impressionado? Teria considerado-os «reis» por seu poderio militar? Acho que não. Antes, teria visto esses homens como escravos de seus próprios desejos, especialmente de seu desejo de poder. Ninguém sequer começa a ser verdadeiro rei até que possa governar a si mesmo. Jesus veio para nos dar o poder e a autoridade para nos tornarmos reis de nós mesmos e, em seguida, estender esse reinado a nossos lares, nossos empregos e nossas famílias — a qualquer pedacinho deste mundo que Ele confiar a nossas mãos.

Também um sacerdócio natural flui de nossa condição de filhos de Deus. O sacerdote oferece sacrifícios a Deus. O sacrifício que cada um de nós, cristãos, oferece é a nossa própria vida. São Paulo escreveu aos cristãos de Roma: «Eu vos exorto [...] pelas misericórdias de Deus, a oferecerdes vossos corpos em sacrifício vivo, santo, agradável a Deus: é este o vosso culto espiritual» (Rm 12, 1). Por «seus corpos» São Paulo quis dizer não apenas nossos corpos físicos, mas toda a nossa vida.

Esse autossacrifício sacerdotal de nossas vidas é representado em cada Missa, quando alguns leigos trazem os «dons» — o pão e o vinho — para serem abençoados pelo sacerdote e se tornarem o Corpo e Sangue de Jesus. Sei que todos nós meio que queremos «verificar» o que está acontecendo nesta parte da Missa. A menos que conheçamos as pessoas que trazem os dons, acabamos nos distraindo com alguma outra coisa porque não é uma parte da Missa na qual temos de ficar de pé, ajoelhar, cantar ou dizer qualquer outra coisa. É a boa e velha fraqueza humana, claro, mas o que está acontecendo naquele momento da Missa é de fato muito importante. O pão e o vinho não abençoados representam toda a nossa vida de leigos, ou melhor, de participantes do sacerdócio *comum*. O sacerdote *ministerial* então toma aquele pão e vinho — nossas próprias vidas — e invoca o Espírito Santo para que se tornem para nós o Corpo e o Sangue de Jesus. Nossas vidas estão unidas a Cristo; nossos pequenos sacrifícios, ao seu grande Sacrifício.

Essa parte da Missa ilustra como o sacerdócio *ministerial* se relaciona com o sacerdócio *comum* de todos os fiéis. Nós precisamos um do outro. Precisamos que nossos párocos nos deem o poder divino dos sacramentos a fim de que tenhamos forças para cumprir o dever sacerdotal de oferecer toda a nossa vida como sacrifício a Deus pela salvação do mundo. No entanto, nossos padres também precisam de nós. Assim como a Missa não poderia ser celebrada se não houvesse pão e vinho, os sacerdotes ministeriais não poderiam cumprir seu chamado sem a gente, sacerdotes comuns. Sem a gente, em certo sentido, eles não teriam o que fazer. Somos a «matéria-prima» de que eles precisam para abençoar e transformar no Corpo de Cristo, que é a Igreja.

Além de sacerdotes, Deus nos convida (por meio do batismo) a ser profetas, ou seja, a proclamar ao mundo a Sua palavra. Isso significa que temos de pregar ou prever o futuro? Não necessariamente. Embora os profetas previssem eventos futuros, seu primeiro ofício consistia em compartilhar a palavra de Deus e explicar ao povo o que Deus queria que ele fizesse. Toda vez que compartilhamos um pouco da verdade de Deus com nossos filhos, cônjuges, amigos, colegas de trabalho ou um estranho no ônibus, estamos cumprindo nosso chamado profético.

Por fim, como Adão, fomos feitos para o relacionamento com outras pessoas — ou talvez com outra Pessoa. Este é o significado da condição de Adão como «noivo universal». Não que cada um de nós seja chamado ao matrimônio (embora muitos sejam). Tampouco cada um está destinado a se casar com todos os outros... Somente Jesus pode ocupar o lugar de Adão como Esposo da humanidade. Mas cada um de nós é chamado à «nupcialidade», termo que os teólogos usam para descrever o real significado por trás dos matrimônios e casamentos. Cada um de nós está destinado a um relacionamento com outra Pessoa (os teólogos chamam isso de «comunhão»), um relacionamento tão íntimo que a Bíblia frequentemente o descreve com a linguagem do casamento. Esse relacionamento é com Jesus Cristo.

Um casamento santo entre cônjuges cristãos é algo maravilhoso e nos dá um vislumbre do que nos espera no céu. Ainda assim, trata-se apenas de um vislumbre. Nosso relacionamento com Cristo no céu será muito mais abençoado do que o melhor casamento já realizado na terra. São Paulo diz: «Coisas que os olhos não viram, nem os ouvidos ouviram, nem o coração humano imaginou, tais são os bens que Deus tem preparado para aqueles que o amam» (1 Cor 2, 9). Mas não precisamos esperar: esse relacionamento pode começar *agora*. Se abandonamos os nossos pecados, começamos a saborear a doçura dessa comunhão com Jesus já nesta vida.

Filho de Deus, rei, sacerdote, profeta e noivo — essas foram as posições das quais Adão desfrutou em sua aliança com Deus no início da história humana, antes que o pecado estragasse tudo. Esses também são os papéis para os quais somos chamados. Eles são o sentido da nossa vida. Nós não conseguimos vivê-los à perfeição. Somente Jesus o fez e ainda faz; é por isso que São Paulo chama Jesus de «último Adão» e «Segundo Homem» (cf. 1 Cor 15, 45-49).

Dando os toques finais no Éden

Aprendemos muito neste capítulo sobre os propósitos da criação e do homem. Agora é hora de desenhar um pequeno esboço que possa resumir algumas características principais da Aliança Adâmica ou da criação.

Um elemento central é o Monte Éden, que é bastante simples:

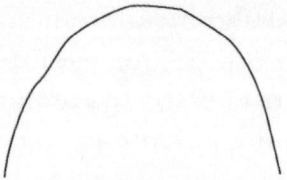

Sabemos que o Éden era uma montanha porque dele fluíam rios para irrigar toda a terra (cf. Gn 2, 10-14). Como a água flui de cima para baixo, o Éden deve ter sido o ponto mais alto da superfície. Essa era, de fato, a crença geral dos israelitas, bem como de outros povos do antigo Oriente Próximo. O profeta Ezequiel assim o confirma quando chama o Éden de «o monte santo de Deus» (Ez 28, 14). Aqui, continuaremos na simplicidade, desenhando um grande rio fluindo do Éden:

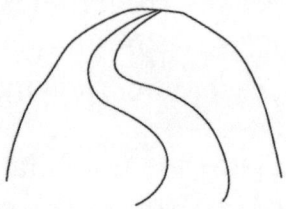

A ideia de um rio que flui da montanha de Deus terá muita importância em outras partes das Escrituras, como veremos adiante.

Além do rio, podemos acrescentar mais algumas características à nossa paisagem do Éden. Gênesis 2, 11-12 nos conta que havia ouro e pedras preciosas disponíveis perto dali. Isso é importante, pois a maioria dos templos do mundo antigo eram decorados com ouro e pedras preciosas. Nós, leitores modernos, geralmente não entendemos isso, mas os antigos sabiam que o Éden era o modelo para a construção dos templos. Muitos templos em todo o mundo antigo foram construídos e decorados para parecerem com o jardim divino original.

Acrescentemos, pois, um pouco de ouro e pedras preciosas ao nosso esboço:

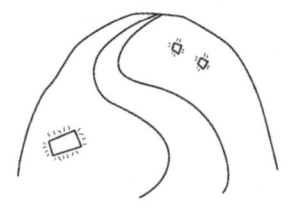

Outra característica proeminente do Éden era a presença de maravilhosas árvores frutíferas, especialmente a Árvore da Vida e a Árvore do Conhecimento do Bem e do Mal. Ponhamos ao menos a Árvore da Vida em nosso desenho:

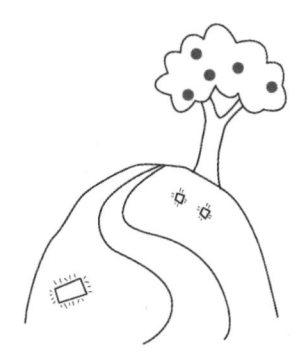

Sabemos, à luz de outros trechos das Escrituras (cf. Ez 28, 14), que anjos (chamados de «querubins») se faziam presentes no Éden, embora só sejam mencionados perto do fim da história (cf. Gn 3, 24). Um anjo, junto com Adão e Eva, completa nosso esboço:

Eis onde chegamos até agora na história da salvação. Adão e Eva estão morando em paz com Deus no Éden, o *jardim-montanha* que foi o «santuário» original, modelo para todos os templos futuros. Rei e rainha de toda a Criação, ambos desfrutam de harmonia com os animais, as plantas e todas as coisas feitas. Todas as suas necessidades naturais são supridas pelo jardim que Deus plantou para eles. Suas necessidades sobrenaturais eram atendidas pelo próprio Deus, que, ao que parece, vinha «caminhar» com os dois pelo jardim (cf. Gn 3, 8).

CAPÍTULO 2

Recomeçar do zero: a Aliança com Noé

Leitura sugerida: Gênesis 3-9

A triste história de Adão a Noé

No fim do segundo capítulo do Gênesis, chegamos a um ponto alto: o senhor e a senhora Adão, recém-casados, estão vivendo em seu jardim paradisíaco e desfrutando de um relacionamento próximo com seu Deus-Pai.

Mas todos sabemos que os bons tempos não duraram muito. No início de Gênesis 3, aparece uma serpente. No Antigo Testamento, serpentes não são bom sinal.

Neste caso, a serpente começa a lançar dúvidas sobre a confiabilidade de Deus e de Sua palavra. Deus havia dito a Adão e Eva que não comessem da Árvore do Conhecimento do Bem e do Mal porque isso os levaria à morte. Mas a serpente insiste com Eva em um ponto. Ela começa a insinuar: «Será que Deus *realmente* disse isso?», e não desiste de tentar contradizer totalmente o que Deus falara ao casal: «Vós *não* morrereis [...]. Deus bem sabe que, no dia em que dele comerdes, [...] sereis como deuses» (Gn 3, 1-4; grifo meu).

Esta é a mensagem básica da serpente: «Você não pode confiar em Deus como Pai amoroso. Essas regras que Ele criou não são para o seu bem. Ele simplesmente não quer que você experimente da mesma vida de que Ele desfruta».

Eva cai nessa conversa. Olhando para a maçã, percebe que é saborosa, bonita, que a deixará inteligente como Deus — por que, então, não comê-la? Ela também oferece um pedaço para Adão, e ele o come (cf. Gn 3, 6).

Embora parecesse estar sempre por perto, Adão permaneceu estranhamente passivo quando tudo isso ocorreu. O que aconteceu? Por que não dissera nem fizera nada? Dá vontade de perguntar: «Ei, Adão, e seu dever de "guardar" o jardim? Como essa serpente entrou aqui?».

A serpente prometeu que obteriam conhecimento divino quando comessem do fruto. No entanto, o único conhecimento real que obtêm ao comer a fruta é descobrir... que estão nus! Eles também experimentam novos sentimentos: vergonha e medo. Quando Deus volta, à tardinha, não conseguem sair para passear e conversar com Ele, como de costume. Escondem-se — como se fosse possível escapar do Pai que os criou.

Quando Deus finalmente os encontra, Adão não assume a responsabilidade por ter comido o fruto: «A mulher que tu puseste ao meu lado apresentou-me deste fruto, e eu comi» (Gn 3, 12). Observe este estratagema inteligente, que os gerentes e burocratas vêm usando desde então: consiste em transferir a responsabilidade tanto para cima quanto para baixo na cadeia de comando. «A *mulher*» — é tudo culpa dela — «que *tu* puseste ao meu lado» — e é culpa sua também, Deus, por tê-la dado a mim! Eva não consegue (ou não quer) corrigir a fuga de responsabilidade de Adão: «A serpente me enganou, e eu comi» (Gn 3, 13).

Nos versículos seguintes, Deus pune adequadamente cada um dos três culpados, e Adão e Eva são expulsos do Jardim onde tinham acesso à Árvore da Vida (cf. Gn 3, 14-23).

Deus coloca um querubim (um anjo da guarda) a leste do Éden, a fim de manter Adão afastado (cf. Gn 3, 24). Por que ele não se dirige simplesmente para o norte, para o oeste ou para o sul? Como mencionamos, os leitores antigos sabiam que o Éden não era apenas um jardim, mas também um templo, e o antigo templo israelita tinha apenas uma entrada, voltada para o leste.

Ora, então, Deus é um tirano mesquinho que expulsou Adão e Eva do Éden porque eles tinham violado sua regrinha? Não. Um filho que desconfia do pai e se une aos inimigos do pai não pode continuar morando na casa da família. Um sacerdote que não tem fé nas palavras de seu Deus não pode continuar servindo no templo. Deus não aparentava ter muitas opções, especialmente porque parecia não haver muito em matéria de arrependimento, assim como nenhum pedido de desculpas vindo de qualquer uma das partes culpadas.

Gentilmente, Deus vestiu Adão e Eva com peles, que ficavam muito melhor como vestimenta do que as folhas de figueira que eles estavam usando (até hoje o couro é usado nas roupas, enquanto roupas feitas com folhas, por alguma estranha razão, nunca pegaram). É claro que as peles vieram de algum lugar. Você não pode obter essas peles sem matar um animal, o que aponta um aspecto interessante da história. Deus disse a Adão e Eva que eles morreriam quando comessem do fruto. Mas eles não morrem. Outra criatura morre em seu lugar, e eles são revestidos com a pele do animal morto. Não sabemos que animal (ou animais) morreu e deu sua pele para Adão e Eva, mas acredita-se, com base no imaginário bíblico, que tenha sido um cordeiro.

Há aqui uma prefiguração. Quando veste Adão e Eva com a pele do cordeiro morto, Deus aponta para o que terá de acontecer para reparar totalmente a desobediência do casal. Um outro Cordeiro de Deus terá de morrer para tirar os pecados do mundo e revestir os homens com sua justiça (cf. Is 53, 7 e 61, 10).

Embora cubra Adão e Eva com peles de animais, Deus não quer que comam do fruto da Árvore da Vida — não por qualquer desejo de puni-los, mas porque não deseja que Adão e Eva se tornem imortais e fiquem presos para sempre em sua condição desobediente e rebelde, já que, naquela condição pós-queda, a imortalidade seria equivalente ao inferno.

De muitas maneiras, o resto da história da Bíblia, bem como o resto da história da humanidade, será um longo caminho de volta até a Árvore da Vida, ao Éden e à filiação divina.

A leste do Éden

As coisas não melhoram quando Adão e Eva começam a caminhar por conta própria. Seu filho mais velho, Caim, assassina o mais novo, Abel, e então começa a povoar a terra com seus descendentes, alguns dos quais são mais perversos do que ele, a ponto de executarem ações descabidas, como viver com duas esposas (cf. Gn 4, 19). A situação toda foi indo de mal a pior, até os «Filhos de Deus» começarem a escolher quantas esposas quisessem entre as «Filhas dos Homens» (cf. Gn 6, 1-5). As pessoas vêm se perguntando sobre o significado do nome «Filhos de Deus» desde os tempos mais remotos. Os antigos muitas vezes disseram serem anjos caídos. Santo Agostinho afirmou que se tratava dos descendentes justos de Set, o terceiro filho de Adão. Alguns estudiosos modernos sugerem que pertenciam à realeza, uma vez que na Antiguidade «Filho de Deus» era um termo usado para designar os reis. Podemos descartar os anjos caídos, mas as outras duas são interpretações possíveis.

Os múltiplos casamentos (a poligamia) dos «Filhos de Deus» resultaram em filhos que se tornaram «homens de renome», ou melhor, «homens afamados» (Gn 6, 4). Esses «afamados» pareciam ofender a Deus, e a razão para isso talvez derive do bom senso. Pais polígamos têm mais filhos do que conseguem dar conta. Filhos rebeldes de pais ausentes crescem e se tornam uma ameaça para os outros, trazendo caos para a sociedade. Essa desordem é descrita em Gênesis 6, 5: «O Senhor viu que a maldade dos homens era grande na terra e que todos os pensamentos de seu coração estavam continuamente voltados para o mal».

A resposta de Deus consiste em voltar atrás e recomeçar. As más ações desses descendentes «afamados» levam Deus a querer purificar a terra por meio de um dilúvio e começar tudo de novo, quase do zero. Deus permite que o mundo retorne a um estado de *tohu wabohu*, com seu Espírito (muitas vezes traduzido como «vento») movendo-se sobre a face das águas mais uma vez (compare Gn 1, 2 com Gn 8, 1). Pela segunda vez, da água ele faz irromper a terra seca, num ato de recriação.

A ascensão de um novo filho: Noé e sua Aliança

Noé e sua família marcam um novo começo para a raça humana. Alguém poderia se perguntar: por que Noé? Por que Deus não salvou toda a humanidade do dilúvio? O Novo Testamento revela que Noé era o único interessado em ser salvo (cf. Hb 11, 7). Ele é lembrado como o «pregador da justiça» que repreendeu seus contemporâneos pelo que faziam enquanto ele construía a arca (cf. 2 Pe 2, 5). Mas ninguém prestava atenção ao louco que erguia aquele enorme barco, ainda que ele já estivesse pregando e trabalhando insistentemente nisso havia muito tempo.

Como comentei acima, o dilúvio mergulhou a terra em um caos aquático que se assemelhava à situação de *tohu wabohu* que havia antes de Deus começar os seis dias da criação. Quando a terra volta a secar, após 150 dias, ressurgem Noé e o seu «jardim zoológico» flutuante (um «Éden flutuante») e atracam no topo do Monte Ararat, uma nova montanha de Deus.

Podemos começar a esboçar isso. Primeiro, o Monte Ararat:

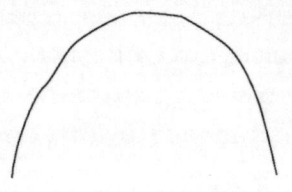

Em seguida, é possível fazer a arca, que era uma estrutura quadrada, semelhante a uma barcaça:

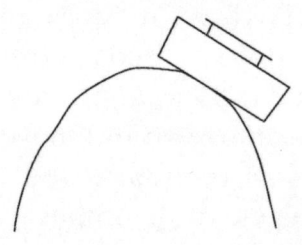

Se quisermos usar um pouco mais a imaginação, podemos abrir a porta da arca e deixar as girafas e cobras saírem:

Quando sai da arca, Noé executa um ato sacerdotal: constrói um altar e oferece um sacrifício a Deus.

A Bíblia fala de Deus «respirando o agradável odor» do sacrifício e sendo tomado de compaixão pela humanidade e por toda a criação. Então, Ele faz uma aliança com Noé:

> Disse também Deus a Noé e a seus filhos: «Vou fazer uma aliança convosco e com vossa posteridade, assim como com todos os seres vivos que estão convosco: as aves, os animais domésticos, todos os animais selvagens que estão convosco, desde todos aqueles que saíram da arca até todo animal da terra. Faço esta aliança convosco: nenhuma criatura será destruída pelas águas do dilúvio, e não haverá mais dilúvio para devastar a terra». Deus disse: «Eis o sinal da aliança que eu faço convosco e com todos os seres vivos que vos cercam, por todas as gerações futuras. Ponho o meu arco nas nuvens, para que ele seja o sinal da aliança entre mim e a terra (Gn 9, 8-13).

Deus sela sua aliança com Noé usando um «sinal»: um arco-íris.

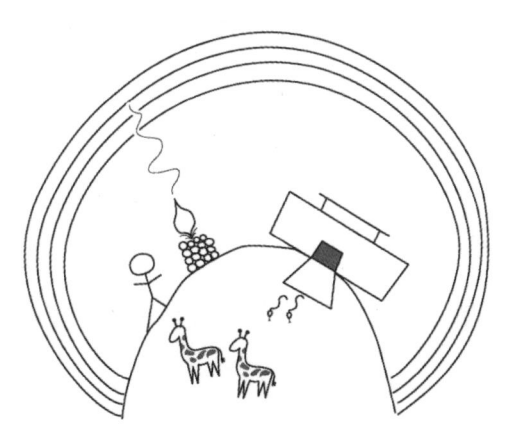

Qual é o significado desta aliança? Anteriormente, em Gênesis 9, Deus falou com Noé e seus filhos usando palavras que já ouvimos antes:

> Deus abençoou Noé e seus filhos: «Sede fecundos — disse-lhes ele —, multiplicai-vos e enchei a terra. Vós sereis objeto de temor e de espanto para todo animal da terra, toda ave do céu, tudo o que se arrasta sobre o solo e todos os peixes do mar: eles vos são entregues nas mãos. Tudo o que se move e vive vos servirá de alimento; eu vos dou tudo isto, como vos dei a erva verde... Sede, pois, fecundos e multiplicai-vos, e espalhai-vos sobre a terra abundantemente (Gn 9, 1-7).

Toda essa linguagem remete ao primeiro capítulo do Gênesis e ao relacionamento original da aliança de Deus com Adão. Assim, podemos dizer que esta aliança com Noé é, em certo sentido, uma renovação da aliança com Adão. Só que as coisas não são mais tão boas: agora, por exemplo, há medo entre o homem e os animais.

Apesar das imperfeições, a aliança com Noé nos dá esperança. Embora o mundo não seja perfeito, a humanidade (Noé e sua família) tem novamente um relacionamento com Deus. O dilúvio é uma recriação e Noé, o novo Adão.

Já caminhamos tudo isto na história da salvação:

Aliança Adâmica   Aliança Noética

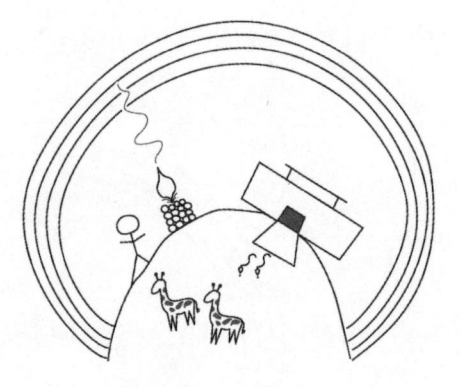

CAPÍTULO 3

Uma nova esperança: a Aliança com Abraão

Leitura sugerida: Gênesis 10-17; 20-22

A triste história de Noé a Abraão

Terminamos o último capítulo com uma grande notícia: com Noé, o Novo Adão, desembarcando e iniciando um novo capítulo na história da humanidade. Infelizmente, este novo capítulo logo começou a se parecer com o antigo.

Já em Gênesis 9, lemos sobre uma certa «queda» de Noé que tem notável semelhança com uma «queda» anterior. Noé bebe vinho, fruto de sua videira, e fica bêbado e em sua tenda. Seu filho Cam entra na tenda, «vê a nudez de seu pai» e zomba dele junto com seus irmãos. Sem e Jafé caminham de costas e cobrem a «nudez» de seu pai. Quando Noé acorda, percebe que foi violado e amaldiçoa o filho de Cam, Canaã.

Esta história nos parece muito estranha e levanta muitas questões. Por que o pecado de Cam foi tão sério? Por que Noé se sentiu violado? Por que amaldiçoar Canaã em vez do próprio Cam? Há respostas possíveis para todas essas perguntas, mas todas dependem de estudos bastante complexos a respeito da linguagem original da história, o que nos deixaria enlouquecidos neste momento. Por enquanto, vamos apenas pontuar algumas coisas. Primeiro, a frase hebraica «ver a nudez de seu pai» sugere uma ofensa muito mais séria do que simplesmente ver Noé do jeito que veio ao mundo. Em segundo lugar, os temas desta história são aqueles que já vimos antes: (1) o consumo de frutas (aqui uvas, na forma de vinho), (2) nudez, (3) vergonha e (4) maldição. Esses, é claro, são os mesmos elementos presentes na queda de Adão e Eva no Jardim do Éden. A história da nudez de Noé é realmente a história da queda do Novo Adão. Noé cede a um prazer bobo, e isso inicia uma cadeia de acontecimentos que traz a desarmonia e o pecado de volta à família humana. Fica claro que o dilúvio não resolvera os problemas da humanidade. Todas as «pessoas más» foram lavadas da face da terra; as «boas pessoas» ficaram salvas na arca. O problema é que a linha entre o bem e o mal não é algo que se identifica claramente entre grupos de pessoas, mas se desdobra no interior de cada um. O pecado infectou todos os seres humanos. São Paulo coloca assim: «Todos pecaram e estão destituídos da glória de Deus» (Rm 3, 23) — até Noé.

Se as coisas decaíram rapidamente após a queda no Éden, isso acontece novamente após a queda de Noé. Foram necessários apenas dois capítulos para ir do Éden à rebelião mundial dos «Filhos de Deus» e seus costumes polígamos (cf. Gn 6). Agora é preciso apenas um capítulo para ir da embriaguez de Noé à Torre de Babel (cf. Gn 11). A história de Babel consiste em uma espécie de paralelo com o relato dos Filhos de Deus com as Filhas dos Homens. Em cada caso, temos uma rebelião generalizada da humanidade contra Deus, seguida da resposta divina: primeiro, o dilúvio; depois, a confusão das línguas.

No rescaldo de Babel, a humanidade se espalha desarmoniosamente pela terra. A familiaridade com Deus foi rompida. Como se pode corrigir essa situação?

Nesse momento, Deus faz uma escolha decisiva que alterará permanentemente o fluxo da história. Ele escolhe um homem, um certo «caldeu» (habitante de um território que pertence ao atual Iraque) chamado Abrão. Deus escolhe este homem para trazer de volta a bênção ao resto da família humana.

Lemos em Gênesis 12, 1-3:

> O Senhor disse a Abrão: «Deixa tua terra, tua família e a casa de teu pai e vai para a terra que eu te mostrar. Farei de ti uma grande nação; eu te abençoarei e exaltarei o teu nome, e tu serás uma fonte de bênçãos. Abençoarei aqueles que te abençoarem e amaldiçoarei aqueles que te amaldiçoarem; todas as famílias da terra serão benditas em ti».

Observe que Abrão não é escolhido por si só. Ele é escolhido para abençoar o resto da família humana. O versículo 2 termina dizendo: «Tu serás uma fonte de bênçãos», e o versículo 3 termina com a promessa de que «todas as famílias da terra serão benditas em ti». Por «todas as famílias da terra», a Bíblia está se referindo a Gênesis 10, que é uma lista dos setenta grupos étnicos que compõem a humanidade segundo a antiga perspectiva israelita. É importante perceber que o Antigo Testamento é um livro sobre salvação e bênção, e isso para todos os seres humanos. Muitas pessoas acham que o Antigo Testamento é um livro judaico sobre a salvação dos judeus. Mas a razão integral pela qual os judeus são especiais é porque seu antepassado Abrão foi escolhido por Deus para trazer bênçãos a todos. Esta sempre foi a missão que Deus teve para os descendentes de Abrão.

A Bíblia lista todas as nações da terra em Gênesis 10, descreve como elas perderam o favor de Deus em Gênesis 11 e mostra como receberão a bênção de Deus novamente em Gênesis 12: «Todas as famílias da terra serão benditas em ti».

Três bênçãos para Abrão

Abrão é apresentado na Bíblia de repente, sem que muito de sua história tenha sido contada. Tudo o que sabemos é que descende de Sem e está morando na região correspondente ao Iraque moderno com sua família. Então, Deus aparece e lhe dirige a palavra. Provavelmente, a história a respeito de quem era Abrão e do porquê Deus parece conhecê-lo e gostar tanto dele era muito longa para o autor bíblico contar. Teremos de confiar nele.

Olhemos mais de perto as primeiras palavras de Deus a Abrão em Gênesis 12, 1-3:

> O Senhor disse a Abrão: «Deixa tua terra, tua família e a casa de teu pai e vai para a terra que eu te mostrar. Farei de ti uma grande nação; eu te abençoarei e exaltarei o teu nome, e tu serás uma fonte de bênçãos. Abençoarei aqueles que te abençoarem, e amaldiçoarei aqueles que te amaldiçoarem; todas as famílias da terra serão benditas em ti».

Entre essas bênçãos gerais, Deus faz três promessas específicas a Abrão: (1) uma grande nação, (2) um grande nome e (3) uma bênção para todos.

Deus promete essas três coisas no capítulo 12, na forma de *promessas simples*, embora mais adiante na história do patriarca o Senhor venha a confirmar cada uma dessas promessas de maneira mais consistente. Ele vai trabalhar cada promessa como uma *aliança* formal. A diferença entre uma promessa e uma aliança é parecida com a diferença entre um anel de noivado e um anel de casamento. Um simboliza uma forte esperança, uma firme intenção; o outro, um compromisso inviolável.

É em Gênesis 15, vários capítulos depois, que Deus transforma uma dessas promessas em aliança pela primeira vez. A situação é a seguinte: Ele se dirige a Abrão para encorajá-lo, mas Abrão está chateado porque não consegue ter filhos, ainda que Deus lhe tenha prometido descendência. Deus lhe diz para não se preocupar com isso, vai acontecer com o tempo. Mas Abrão quer mais garantias. Deus, então, lhe diz para trazer uma boa quantidade de animais e cortá-los ao meio:

Depois formou-se uma densa escuridão; apareceram uma tocha e um braseiro em seguida, os quais atravessaram os corpos partidos dos animais enquanto Deus falava com Abrão:

Se você for como eu, essa cena toda lhe parecerá muito estranha. Lembra o ritual com o qual Huckleberry Finn acreditava-se capaz de curar verrugas: balançar um gato morto sobre sua cabeça num cemitério à meia-noite. O que celebrações estranhas como essa estão fazendo na Bíblia?

Na realidade, os leitores antigos conseguiam reconhecer imediatamente, como uma típica cerimônia de aliança, aquele ritual celebrado por Deus e Abrão em Gênesis 15. A tradição judaica chama este evento de «aliança entre as partes».

Como em todas as cerimônias, as ações também ali tinham significado. Quando as pessoas cortavam os animais ao meio e caminhavam entre eles, queriam dizer: «Se eu não cumprir minha parte da aliança, que eu seja morto como esses animais». Era como invocar uma maldição de morte sobre si mesmo caso não fizesse o que era prometido, como os juramentos que fazíamos na infância: «Se eu estiver mentindo, quero que um raio caia na minha cabeça».

A tocha e o braseiro representavam a presença de Deus. O fogo é sinal de presença divina em muitos lugares na Bíblia: pense na coluna de fogo que mais tarde conduzirá os israelitas pelo deserto após a saída do Egito, ou nas línguas de fogo que pousaram sobre os apóstolos em Pentecostes. Quando a tocha acesa e o braseiro se moveram através dos pedaços dos animais, Deus estava dizendo: «Se eu não cumprir minha palavra contigo, Abrão, que seja cortado em pedaços como esses animais».

Você deve estar intrigado: «Como Deus pode invocar uma maldição sobre si mesmo?». Parece inconcebível, mas Deus estava descendo ao nível humano de Abrão e assumindo o seu papel em uma cerimônia que Abrão era capaz de compreender. Descer ao nível do homem é o que os estudiosos chamam de *condescendência divina*.

Aqui, portanto, Deus está fazendo uma aliança com Abrão, e essa aliança os torna uma família. A maioria das alianças também carregava consigo regras, promessas ou instruções especiais, as quais mostravam como a nova família deveria funcionar. Gênesis 15 se insere nesse padrão. Como parte dessa aliança, Deus faz algumas promessas especiais, nos versículos 4-5, 15-16 e 18-21. Juntos, esses versículos prometem pelo menos duas coisas importantes: Abrão terá muitos descendentes (v. 5), os quais serão donos de muitas terras (vv. 18-21). Muita gente e muita terra são os dois ingredientes necessários para formar uma grande nação. Assim, podemos dizer que a primeira promessa a Abrão (de que dele nasceria uma grande nação) desenvolveu-se (ou «incorporou-se») numa aliança com Deus.

A queda de Abrão

Consideramos o que vimos até agora. O que acontece imediatamente após a instituição de cada aliança bíblica? Uma queda, não? Eis aqui mais uma. Não muito depois de ter selado uma aliança com Deus em Gênesis 15, temos uma espécie de «miniqueda» de Abrão em Gênesis 16. Neste capítulo, Abrão e Sara começam a duvidar de se o plano de Deus de lhes dar filhos iria funcionar pelas vias normais e decidem dar-Lhe uma ajudinha usando uma antiga «tecnologia reprodutiva». Abrão dá ouvidos à péssima ideia de sua esposa (um paralelo com a Queda do Éden) e se une à serva de Sara, Agar, como se esta fosse a sua segunda esposa e mãe de aluguel. De acordo com o costume legal da época, os filhos da empregada pertenceriam à sua senhora. O plano «funciona», uma vez que nasce um filho, Ismael. No entanto, essa criança não é a pessoa que Deus pretendia dar como herdeiro a Abrão, e todo esse episódio só traz conflitos, discussões, inveja e infelicidade à família do patriarca. (Quase sempre que alguém se une a mais de uma esposa na Bíblia, acontecem problemas. A Bíblia está tentando nos ensinar uma lição: permaneçam monogâmicos. Chamo esse tema bíblico de «crítica implícita à poligamia».)

A Aliança renovada

O nascimento inesperado desse herdeiro força Deus a intervir e a fazer uma «limpeza». Gênesis 17 começa com o Senhor dizendo a Abrão: «Eu sou o Deus Todo-poderoso. Anda em minha presença e sê íntegro» (v. 1). Trata-se de uma espécie de admoestação. É como se Deus estivesse dizendo: «Preste atenção em mim e endireite sua vida».

Nos versículos seguintes, Deus repete a promessa de erguer uma grande nação e ainda acrescenta algo. Também promete, pela primeira vez, que de Abrão nascerão reis e que Abrão será o pai de muitas nações. Na verdade, essas duas promessas estão relacionadas entre si e com a promessa do «exaltarei o seu nome», de Gênesis 12, 2.

Nos tempos antigos, as expressões «exaltar o nome» ou «fazer de alguém um grande nome» estava ligada aos reis. Ter um grande nome era o que se atribuía aos reis antigos. Além disso, eles eram conhecidos como «pais» de seus países. Os imperadores, que governavam não apenas uma, mas várias nações e grupos étnicos, eram «pais de muitas nações». Portanto, as promessas de que Abrão seria o ancestral dos reis e se tornaria o «pai de uma multidão de nações» apontam para a mesma realidade: a descendência de Abrão incluiria grandes reis com grandes nomes, os quais de fato se tornariam imperadores e «pais de muitas nações». Assim, as promessas a Abrão seriam cumpridas em seus descendentes.

Como que para destacar a conexão com a promessa de lhe conceder um grande nome, Deus realmente dá a Abrão um nome maior: ele o aumenta para *Abraão* (v. 5). Do mesmo modo, Deus confere a Abraão um dever a cumprir na aliança, o qual dará a si e a seus descendentes um destaque como família de Deus. Este dever é a circuncisão. A cerimônia da circuncisão apresenta dificuldades óbvias para o ilustrador, e por isso vou apenas desenhar uma faca grande. Todos saberemos o seu significado:

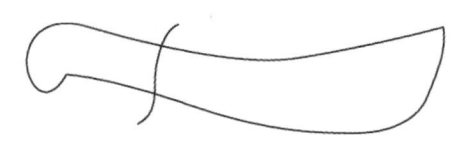

Muitas pessoas têm se perguntado sobre o sentido da circuncisão. Por que fazer Abraão passar por esse procedimento? Uma possibilidade é a de que a circuncisão estivesse ligada ao modo como Abraão se desviou em Gênesis 16, dormindo com Agar. A circuncisão pode ser uma repreensão simbólica da parte do corpo que Abraão usou ao frustrar o plano de Deus.

Outra possibilidade — o que não exclui o que acabamos de mencionar — é a de que Abraão, ao cortar aquele pedaço de pele, teria feito algo que equivalesse a dizer: «Se eu não cumprir meus deveres da aliança para com Deus, que eu seja "cortado fora" (morto) como este pedaço de carne!».

Em Gênesis 15, Abraão cortou os animais, mas em Gênesis 17 ele tem de cortar a *si mesmo*. Aqui, estamos definitivamente elevando o padrão e dobrando a aposta. As coisas que Abraão tem de fazer para cumprir a aliança estão se tornando mais sérias.

Falando em corte, é interessante notar que, em hebraico, você não «faz» uma aliança; você realmente «corta» uma aliança (o verbo usado é *karat berît*: cortar). Isso acontecia porque as cerimônias de aliança geralmente envolviam o corte de algo. Cortar fazia sangrar, e o sangue trazia um duplo significado: por um lado, as duas partes da aliança agora compartilhavam do mesmo sangue — eram agora uma família. Por outro, se uma das partes violasse a aliança... bem, «que seu sangue seja derramado, assim como este sangue que estamos derramando agora!».

O ato final de Deus em Gênesis 17 consiste em esclarecer quem será o herdeiro da aliança. Ismael nasceu em Gênesis 16, mas não de Sara, a primeira (e que deveria ter sido a «única») esposa de Abraão. Deus deixa isso claro: Ismael receberá uma bênção e se tornará uma grande nação, mas a aliança pertencerá ao filho de Sara: Isaac.

Os capítulos seguintes explicam como as coisas aconteceram. Isaac realmente veio ao mundo (cf. Gn 21), e Agar e Ismael foram deserdados, mas cuidados por Deus (cf. Gn 21,

8-21). Depois de Abraão fazer as pazes com os nativos (cf. Gn 21, 22-34), parece que finalmente ele e sua esposa Sara viveriam felizes para sempre.

Mas não antes de Abraão passar pelo maior teste de sua vida.

A Aliança final com Abraão

No final do capítulo 21 do Gênesis, quase tudo parece ter dado certo para Abraão. Ainda assim, havia a sensação incômoda de que faltava algo. As promessas de formar uma grande nação e exaltar o nome do patriarca foram desenvolvidas durante a aliança entre Deus e Abraão, mas a última e melhor promessa, a da bênção universal para toda a família humana, não fora mais mencionada desde Gênesis 12, 3. O que iria acontecer com essa promessa? Será que algum dia se tornaria parte da aliança?

A resposta é dada no capítulo 22 do Gênesis. Mas, primeiro, Deus quer saber se Abraão, bem como Isaac, são realmente as pessoas certas para distribuir as bênçãos para o resto da humanidade.

Assim começa o capítulo: «Depois disso, Deus provou Abraão» (Gn 22, 1).

Ele chama Abraão e, com palavras que soam parecidas com o primeiro chamado que lhe fizera em Gênesis 12, 1, diz-lhe para levar seu filho Isaac e «ir para a terra de Moriá, para um monte que eu te indicar». Lá, Abraão deveria pegar seu «filho único» (ou «filho unigênito») Isaac e oferecê-lo como sacrifício.

Abraão faz como o Senhor lhe ordena. Ele e seu filho se deslocam até a montanha que Deus indica. Chegando ao local, ele coloca Isaac no altar e se prepara para matá-lo.

A pergunta não pode ser outra: como Deus poderia ordenar a Abraão que matasse seu próprio filho? Não seria algo bestial? Isso nos faz imaginar o velho Abraão dominando o pequeno Isaac, de somente cinco anos, e jogando-o cruelmente nos troncos antes de eliminá-lo com uma faca. Seria um abuso infantil bíblico do pior tipo! Ou não?

A única resposta para essas perguntas está em ler o texto com mais atenção. Uma das primeiras coisas a se notar é: quem carrega a lenha montanha acima para o sacrifício? Quando olhamos com cuidado, vemos que é o próprio Isaac, e não Abraão. Claramente, então, entre os dois, Isaac é o mais forte, pois a madeira necessária para um sacrifício era coisa muito pesada. Abraão carrega apenas a faca e o material para fazer o fogo. Portanto, não devemos ver um velho e uma criança, mas um velho e um adolescente robusto. Assim, mais adiante, quando Abraão amarrar Isaac e colocá-lo no altar, podemos ter certeza de que Isaac cooperou plenamente. Não havia como Abraão controlar seu filho mais novo e mais forte. Não: para Isaac, esta foi «uma morte que ele aceitou livremente». Ele «se ofereceu livremente» ao seu próprio sacrifício.

Várias características dessa história nos oferecem o que chamo de *pré-jà vu*. Quando nos acontece algo que parece muito familiar ou nos recorda outra coisa que aconteceu conosco no passado, dizemos que se trata de um *déjà vu* («já visto», em francês). Mas, quando vemos algo surpreendentemente familiar no Antigo Testamento que nos lembra algo que conhecemos, mas que ainda não aconteceu na história bíblica, gosto de chamar de *pré-jà vu*.

Onde mais na Bíblia vemos um filho «único» ou «unigênito» carregando a lenha de seu próprio sacrifício colina acima, para ser sacrificado por seu pai a Deus? No Calvário, é claro! Assim, o sacrifício de Isaac na montanha em Gênesis 22 é um prenúncio do sacrifício de Cristo na Cruz. Sempre digo aos meus alunos: «Gênesis 22 é o Calvário do Antigo Testamento».

São João faz, de fato, a conexão entre Isaac e Jesus naquele que é provavelmente o versículo mais famoso da Bíblia, João 3, 16: «Com efeito, de tal modo Deus amou o mundo, que lhe deu seu Filho único, para que todo o que nele crer não pereça, mas tenha a vida eterna».

A expressão «unigênito» corresponde a uma palavra grega: *monogenes*. Trata-se de um vocábulo bastante raro, e provavelmente é uma tradução literal da palavra hebraica *yahid*, que significa *um e único*. *Yahid* também é uma palavra muito rara, mas aparece três vezes em Gênesis 22 para descrever Isaac: nos versículos 2, 12 e 16. Minha versão favorita da Bíblia traduz cada ocorrência como «unigênito», a fim de fazer a conexão com João 3, 16. É uma boa tradução, porque São João quer nos mostrar que Jesus é um novo Isaac. Na verdade, é muito maior do que Isaac, pois passa pelo sacrifício e realmente morre. Jesus morre na Cruz porque Ele é, como diz a Missa, «o Cordeiro de Deus que tira o pecado do mundo».

Abraão aponta para a vinda de Jesus como o Cordeiro de Deus já em Gênesis 22. Enquanto Abraão e Isaac sobem a montanha, Isaac pergunta ao pai: «Temos aqui o fogo e a lenha, mas onde está a ovelha para o holocausto?». Ao que Abraão responde: «Deus providenciará ele mesmo uma ovelha para o holocausto, meu filho» (Gn 22, 8).

O sentido natural da declaração de Abraão é o de que «Deus proverá *para si mesmo* um cordeiro para o sacrifício». Virá o dia em que as palavras de Abraão adquirirão sentido mais profundo, um dia em que Deus de fato, providenciará, dando-se *a si mesmo* como o cordeiro para o holocausto.

O significado da profecia de Abraão é cumprido ali mesmo em Gênesis 22, quando o anjo de Deus impede Abraão de sacrificar Isaac e o substitui por um carneiro preso nos arbustos que ficavam próximos. O sentido mais profundo, porém, será cumprido quase neste mesmo local cerca de dois mil anos depois, quando um descendente de Abraão, Jesus de Nazaré, será colocado no madeiro e imolado, sendo o verdadeiro «Cordeiro de Deus que tira o pecado do mundo» (Jo 1, 29).

Podemos ver, portanto, por que a Bíblia chama Abraão de «profeta» (Gn 20, 7). Em certo sentido, é a primeira pessoa nas Escrituras a prever o sacrifício de Jesus na Cruz. Seu filho Isaac representa o papel que Jesus desempenhará no drama do Calvário, tanto tempo depois.

A conexão entre Isaac e Jesus é ainda mais impressionante por causa da localização. Abraão é instruído a sacrificar Isaac sobre uma montanha na terra de Moriá (cf. Gn 22, 2).

Esta montanha foi mais tarde chamada de «Monte Moriá», e é o local escolhido pelo rei Salomão para construir o Templo (cf. 2 Cr 3, 1), que ficava à vista do Calvário, junto à colina onde Jesus deu-se em autossacrifício.

À luz da Bíblia inteira, a história de Abraão e Isaac em Gênesis 22 não se afigura como uma narrativa a respeito de práticas antigas de sacrifício humano ou de casos bizarros de abuso infantil. Em Gênesis 22, Deus convidou Abraão e Isaac para participar de uma oferta que pertencia ao mesmo tipo de sacrifício pelo qual o próprio Deus, a Santíssima Trindade, teria de passar para salvar a humanidade do pecado e da morte. Deus estava dizendo para Abraão e Isaac: «Vocês estão dispostos a se submeter ao tipo de sacrifício que terei de sofrer para restaurar a bênção para toda a humanidade?».

«Pai Abraão, você está disposto a separar-se de seu filho unigênito?»

«E você, filho Isaac, está disposto a morrer em obediência ao seu Pai, por amor a Deus?»

Isaac e Abraão sobem silenciosamente o Monte Moriá e ficam diante de Deus para responder: «Sim, aceitamos».

É possível perceber por que Deus fica tão comovido com a disposição deles — tão comovido a ponto de fazer por Abraão algo que só fez por um punhado de pessoas em toda a história humana: um juramento.

> Pela segunda vez chamou o anjo do Senhor a Abraão, do céu, e disse-lhe: «Juro por mim mesmo, diz o Senhor: pois que fizeste isto, e não me recusaste teu filho, teu filho único, eu te abençoarei. Multiplicarei a tua posteridade como as estrelas do céu, e como a areia na praia do mar. Ela possuirá a porta dos teus inimigos, por tua descendência serão benditas todas as nações da terra, porque obedeceste à minha voz» (Gn 22, 15-18).

O trecho mais importante desta incrível bênção prometida a Abraão é o final: «por tua descendência serão benditas todas as nações da terra». Essa é uma verdade que tem dois sentidos. A bênção virá para todas as nações através dos descendentes de Abraão, o povo de Israel. No entanto, a maior bênção que o povo de Israel dará ao mundo é a única «semente» de Abraão: Jesus, o Cristo. Através dela virá o Espírito Santo de Deus, que é a maior bênção de que a humanidade poderia desfrutar.

Em toda a Bíblia, «jurar» e «fazer uma aliança» têm quase o mesmo significado, assim como «trocar votos» e «casar» são quase sinônimos. Por essa razão, podemos ver no grande juramento de Deus a Abraão, em Gênesis 22, 15-18, a forma final da Sua aliança com ele, na qual a promessa de bênção universal a todas as nações passa enfim a integrá-la. Por essa razão, quando tenho de resumir a história da salvação em apenas algumas imagens, concentro-me no Monte Moriá para representar a Aliança Abraâmica.

O Monte Moriá é fácil de desenhar:

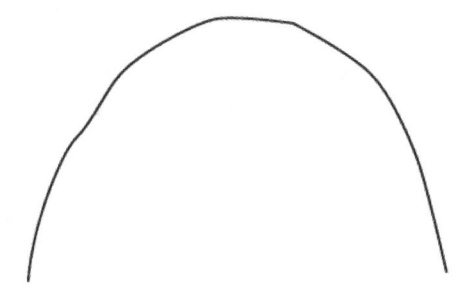

O altar não passa de uma pilha de pedras redondas com Isaac por cima:

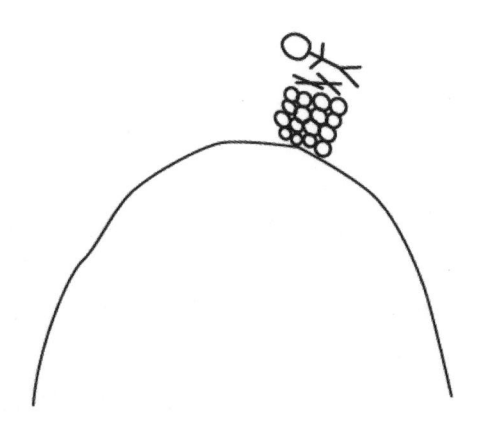

E Abraão completa o quadro com uma enorme faca nas mãos:

A partir de agora, este será o nosso ícone para relembrar a Aliança Abraâmica.

Há mais uma coisa que devemos mencionar a respeito do sacrifício de Isaac. Muitos anos depois, os líderes religiosos judaicos passaram a ruminar a pergunta: «Por que o sacrifício de animais no antigo templo fazia com que Deus perdoasse os pecados?». Afinal, é difícil entender por que o ato de matar um animal poderia perdoar o pecado do homem. Mesmo o Antigo Testamento parece deixar claro que, por si só, o sangue de touros e bodes não pode tirar o pecado (cf. Is 1, 11; 66, 3; Sl 50, 8-13).

A tradição judaica concluiu que a matança de animais, por si só, não poderia significar muito para Deus. Os sacrifícios devem ter conquistado esse poder de algum outro lugar. Mas de onde? A resposta que ofereceram foi genial: do quase-sacrifício de Isaac. O consentimento obediente de Abraão à morte de seu filho unigênito e a disposição de Isaac a morrer por obediência e amor — eram essas as coisas que tinham real valor aos olhos de Deus. Como o quase sacrifício de Isaac aconteceu no próprio lugar em que seria estabelecido o futuro templo, alguns rabinos ensinavam que os sacrifícios de animais eram uma espécie de recordação ou *re-presentação* do único e realmente poderoso sacrifício de Isaac.

Isso lhes parece familiar, católicos? Pensem nisso da próxima vez que forem à Missa.

Esta é a distância que já percorremos na história da salvação:

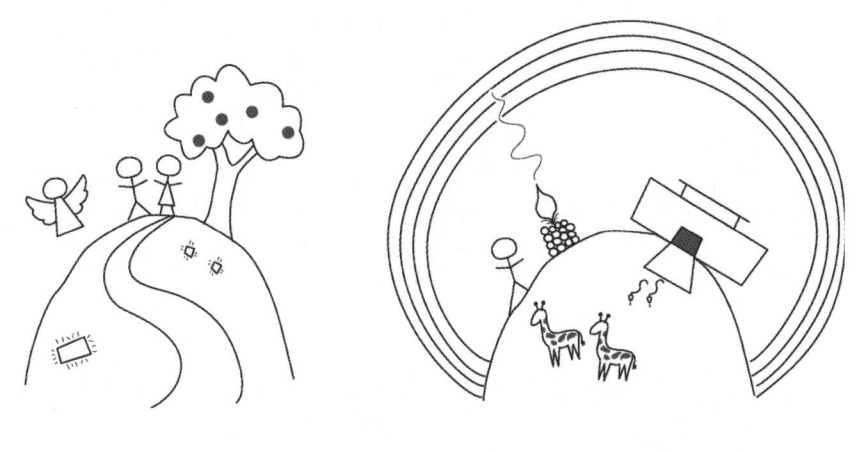

Aliança Adâmica

Aliança Noética

Aliança abraâmica

CAPÍTULO 4

As Leis de Deus e as imperfeições de Israel: a Aliança com Moisés

Leitura sugerida: Êxodo 1-20; 24; 32-34; 40

A longa história de Abraão a Moisés (Gênesis 23-Êxodo 1)

Quando deixamos Abraão, ao fim do último capítulo, ele havia acabado de receber um juramento solene da parte de Deus, que confirmava todas as promessas que lhe havia feito. Abraão sabia que se tornaria uma grande nação, que receberia um «grande nome» e que se tornaria uma bênção para o mundo inteiro.

O único problema estava em que isso levaria tempo. Deus havia feito a promessa em Gênesis 15, 13. À medida que a história avança, de Gênesis 23 a Êxodo 1, tudo se dá como Deus havia predito naquela noite escura em que fizera a «aliança das partes» com Abraão. O neto de Abraão, Jacó, cujo nome mais tarde foi mudado para Israel, acaba tendo doze filhos, e seus filhos são bastante prolíficos. Todo este clã vem a mudar-se para o Egito por causa de uma fome que se abatera sobre sua terra e de uma confusão insana, que começara com certa tentativa de vender seu irmão José como escravo. A vida no Egito é boa, então eles fixam morada lá — para ser mais exato, por cerca de quatrocentos anos. Isso é muito tempo — muito mais do que os Estados Unidos têm como nação independente.

O que Deus esteve fazendo com o povo de Israel durante todo este tempo? E as promessas feitas a Abraão?

Na verdade, foi preciso esse longo período para que Deus cumprisse essas promessas. Uma nação não nasce da noite para o dia. As tribos de Israel precisavam de tempo para crescer. No Egito, com seu poderoso rio Nilo e seus campos férteis, o povo de Israel teve abundância de alimentos e segurança, e se tornou muito numeroso.

Nada é perfeito (Êxodo 2)

Havia apenas um problema nesse cenário agradável. Os israelitas acabaram se tornando escravos dos egípcios. Como se costuma dizer, nada é perfeito.

A princípio, parece que a situação da escravidão era bastante tranquila, mas foi tornando-se cada vez mais rígida à medida que os egípcios foram se sentindo ameaçados por esses estrangeiros assaz férteis que habitavam suas terras. A Bíblia diz que os israelitas «gemiam ainda sob o peso da servidão, clamavam por socorro... E Deus ouviu seus gemidos e lembrou-se de sua aliança com Abraão, Isaac e Jacó» (Êx 2, 23-24).

Então Deus colocou em ação um plano para tirar seu povo do Egito.

Esse plano começou, como a maioria dos planos divinos, com o nascimento de uma criança. Essa criança se chamava Moisés, e a Bíblia diz que ele era uma «criança especial» (Ex

2, 2). A Bíblia não diz como sabiam que ele era especial. Os Manuscritos do Mar Morto registram uma tradição (um tanto bem-humorada) segundo a qual o ancestral de Moisés, Noé, brilhava intensamente ao nascer. Talvez Moisés tenha herdado o mesmo gene!

De qualquer forma, a mãe de Moisés teve de escondê-lo porque o faraó havia decidido matar os meninos hebreus. Quando Moisés ficou grande demais para continuar escondido, sua mãe o colocou em uma cesta e deixou que flutuasse Nilo abaixo. Isso, na antiguidade, era o equivalente a deixar um bebê na porta de alguma família. Com sorte, alguém encontraria a cestinha com o bebê boiando na praia e o levaria para casa a fim de cuidar dele. Temos outros exemplos de pessoas que fizeram isso nos tempos antigos. Esse estratagema poderia ser especialmente eficaz no Egito, porque o Nilo era considerado um deus. Quem encontrasse o bebê poderia achar que se tratava de um presente do deus do Nilo.

Não preciso recontar toda a história do Êxodo porque você provavelmente já assistiu ao filme *O príncipe do Egito*, o que não é tão ruim se levarmos em conta a transmissão dos principais pontos da história. Há apenas alguns tópicos que gostaria de desenvolver.

Antes de mais nada, é preciso dizer que, *incrivelmente,* o plano de fazer o bebê flutuar no Nilo valeu a pena. O bebê foi adotado pela garota mais rica do Egito, a filha do faraó. A mãe biológica de Moisés é paga pelo governo para amamentar seu próprio bebê. E Moisés está na fila para ascender à corte real, devendo apenas esperar que esteja em condições de influenciar a política do estado em relação aos hebreus e conseguir libertá-los. Em retrospectiva, podemos dizer que este foi provavelmente o «plano A» de Deus para libertar Israel. Tudo o que Moisés tinha de fazer era aguardar pacientemente e ficar longe de problemas até que tivesse o poder de libertar seu povo de modo legal. É «assim que deveria ter terminado».

É *claro,* porém, que Moisés teve de estragar o plano. Ele fica de cabeça quente e mata um egípcio que está espancando um de seus companheiros hebreus. Então, enterra o corpo na areia (Ex 2, 11-12).

Será que essa foi uma atitude inteligente? «Moisés, não seria melhor colocar o corpo no porta-malas de uma carruagem e jogá-lo de uma ponte nas águas do Nilo ou algo assim? Enterrar na *areia*? O que você tem na cabeça?».

Como era de se esperar, a areia se espalhou, o corpo foi encontrado, Moisés foi descoberto e teve de escapar para o outro lado do deserto a fim de fugir de seu avô adotivo, o Faraó (cf. Ex 2, 13-15). Acabou por tornar-se um pastor de ovelhas para viver (cf. Ex 3, 1). Este é o equivalente antigo de limpar banheiro ou fritar hambúrgueres. Ele fora criado como um príncipe do Egito, e os egípcios consideravam o pastoreio tão repugnante que sequer comiam junto com essas pessoas (cf. Gn 46, 34). Que queda! Da Casa Branca para um casebre!

Depois de quarenta anos de pastoreio, Moisés já é um homem de idade, e podemos imaginar que suas memórias do Egito e sua educação no palácio haviam sido varridas pelo tempo. Aparentemente, ele não tem futuro e nenhuma ambição, exceto permanecer vivo e cuidar de sua esposa e filho.

A sarça ardente (Êxodo 3)

A esta altura, Deus intervém mais uma vez na vida de Moisés. Aparecendo na forma de uma sarça ardente, Deus se mostra a Moisés e lhe revela o segredo de seu nome. Atualmente os nomes não significam muito para nós. Quando descobrimos que vamos ter um bebê, pegamos um livro de nomes e tentamos escolher um que soe bem:

— Roberto?

— Não... Muito simples... E depois vai virar Betinho.

— Pedro?

— Ah, não! Tinha um Pedro na minha escola que era uma peste!

— E Rafael?

— É o nome do filhinho recém-nascido do vizinho. Vão dizer que copiamos!

Gostamos da sonoridade dos nomes, mas não estamos tão preocupados com seu *significado*. Com os antigos israelitas acontecia exatamente o oposto. O som não tinha qualquer importância — o *significado* do nome era tudo, porque o nome representava a pessoa. De forma misteriosa, o nome expressava a própria *realidade* de seu dono.

Trata-se, portanto, de um momento particularmente dramático quando Moisés diz: «"que lhes responderei se me perguntarem qual é o seu nome?". Deus respondeu a Moisés: "Eu sou aquele que sou". E ajuntou: "Eis como responderás aos israelitas: [Aquele que se chama] 'Eu sou' envia-me junto de vós"» (Ex 3, 13-14).

Ao dizer isso, Deus se identifica como o único Deus que realmente existe; todos os outros deuses são falsos; eles NÃO SÃO. Mas Deus É.

O nome real dado a Moisés para os israelitas se dirigirem a Deus na oração não foi exatamente a expressão «Eu Sou», mas uma palavra que provavelmente significava «Ele É». Em hebraico, grafa-se YHWH. Em algumas Bíblias antigas, você o encontrará escrito como «Jeová» ou «Javé», mas esse nome resultou de uma série de erros de pronúncia ao longo da história, e não é como soava nos tempos antigos. Em quase todas as Bíblias católicas em inglês, sempre que o nome especial de Deus, «YHWH», é usado, você encontrará o nome «Senhor» em maiúsculas. A Igreja Católica costuma seguir a antiga prática judaica de dizer «SENHOR» em vez de pronunciar o santo nome.

Depois de revelar seu nome a Moisés, Deus o envia: «Tu lhe dirás [ao Faraó]: "Assim fala o Senhor: Israel é meu filho primogênito". "Eu te digo: Deixa ir o meu filho, para que ele me preste culto"» (Ex 4, 22-23). Isso nos faz lembrar de Adão, o filho primogênito de Deus. É quase como se Deus estivesse adotando os israelitas como um novo Adão, uma nova humanidade.

Desenhemos um israelita:

E façamos resplandecer o seu rosto, porque, como filho primogênito, reflete a glória de Deus Pai:

Quando Deus diz ao Faraó: «Deixe meu filho ir para que ele me preste culto», a palavra «servir», em hebraico, é frequentemente usada para *adoração*. Poderíamos também traduzir a mensagem de Deus como: «deixe meu filho ir para que me adore». Isso aponta para o *status* sacerdotal dado ao povo de Israel, que se destinava a ser um povo dedicado à *adoração* de Deus.

Infelizmente, o Faraó não ficou satisfeito com a mensagem que o Senhor enviou por meio de Moisés. Como o CEO de qualquer grande corporação, ele não está muito inclinado a deixar sua mão de obra barata sair por férias indefinidas, mesmo que isso envolva questões religiosas. Assim, a resposta muito previsível do Faraó é: «Não!»; e, de fato, ele aumenta a carga de trabalho dos hebreus a fim de desencorajar quaisquer esforços futuros em relação a um contrato de trabalho melhor (cf. Ex 5, 4-21).

A derrota dos deuses (Êxodo 7-14)

Está armada a arena para uma «batalha divina». Afinal, é isso o que as dez pragas realmente são (cf. Ex 7-11). O próprio faraó era considerado um deus pelos egípcios e, para qualquer coisa com a qual ele não conseguisse lidar, havia toda uma equipe de outros deuses que «o protegiam», entre eles Hapi, o deus do Nilo; Hekhet, a deusa-rã; e Amon-Rá, o deus-sol. As dez pragas eram disputas entre o Senhor, o Deus dos escravos, e os deuses dos egípcios (cf. Ex 12, 12; Nm 33, 4). No entanto, os deuses dos egípcios começam a ser derrotados aos cinco minutos do primeiro tempo, e tratou-se de uma derrota total, consolidada ao longo da partida.

DEUSES LOCAIS	DEUSES VISITANTES
0	10
Final	

Recapitulando: Hapi, o deus do Nilo, é morto logo no início, e toda a água do Nilo se transforma em sangue (cf. Ex 7, 20-24). Então Hekhet, a deusa-rã da fertilidade, perde seu autocontrole e se torna excessivamente fértil (cf. Ex 8, 1-6). Um a um, os chamados *deuses* são feitos de ridículos e se mostram impotentes. Mesmo Amon-Rá, o todo-poderoso deus-sol, ficou trancado no escuro por três dias (cf. Ex 10, 21-23). Por fim, restou provado que o próprio Faraó não era deus, pois não conseguira salvar a vida de seu filho na praga final (cf. Ex 12, 29-32).

Deus estava ensinando aos egípcios que sua religião era falsa e que eles deveriam adorá-Lo. No fim, muitos dos egípcios o entenderam (cf. Ex 9, 20), e, após a última praga, o próprio Faraó desistiu e deixou os israelitas saírem do Egito (cf. Ex 12, 32).

A rota dos israelitas (Êxodo 15-19)

Mesmo assim, o drama estava longe de terminar. Tão logo Moisés levou os israelitas para as margens do Mar Vermelho, o Faraó mudou de ideia novamente e enviou seu exército atrás deles. Mais uma vez, Deus se engajou no combate, mostrando a sua presença poderosa ao colocar-se entre os egípcios e os israelitas enquanto os hebreus escapavam por um mar dividido, que depois se fechou sobre os soldados perseguidores (cf. Ex 15).

Uma vez seguros do outro lado do mar e no deserto, os inimigos dos israelitas não eram mais os egípcios, mas a fome e a sede. Então Deus fez água brotar das rochas e fez chover uma substância misteriosa do céu, tão incomum que os hebreus perguntaram: «*Man-hu?*» («O que é isso?»). Então o alimento passou a chamar-se *man*, que significa «o quê?» em hebraico; em português costumamos dizer *maná* (cf. Ex 16).

Por fim, os israelitas chegaram ao seu destino: o Sinai, a mesma montanha onde, anos antes, Deus havia falado a Moisés na sarça ardente (cf. Ex 19). Aqui queremos desacelerar um pouco a história para destacar alguns pontos-chave.

Deus conduziu os israelitas ao Sinai, comandados por Moisés, para fazer uma aliança com eles. Já vimos que uma aliança é um vínculo familiar. Deus disse ao Faraó: «Israel é meu filho primogênito» (Ex 4, 22); então, parece que o propósito de Deus nesta aliança do Sinai é adotar Israel formalmente nesse *relacionamento filial*.

Deus faz uma promessa impressionante a Israel pouco antes de aparecer com toda a sua imensa glória no Sinai a fim de dar-lhes os Dez Mandamentos. Deus diz: «Se obedecerdes à minha voz e guardardes a minha aliança [...], sereis um reino de sacerdotes e uma nação consagrada» (Ex 19, 5-6).

O desenho está ficando mais claro. Como coletividade, os israelitas são um novo Adão. Deus os está adotando como filhos e dando-lhes um *status* real (majestoso) e sacerdotal. Assim, podemos imaginar um israelita resplandecente:

E vesti-lo com uma estola e uma coroa:

Até que ele começa a ficar parecido com Adão... E é aí que queremos chegar.

Isso significa que Deus não tinha nenhum plano para o resto da humanidade? Não. Deus não diz «Israel é meu único filho». Isso implica que as outras nações são filhos mais novos de Deus (cf. Dt 32, 8).

Além disso, sacerdotes precisam de leigos a quem servir; e os reis, de súditos sobre os quais governar. Então, quando Deus diz a Israel: «sereis um reino de sacerdotes», insinua que o resto do mundo, que as outras nações, serão os leigos e súditos que os israelitas irão governar e servir. Esse era o plano A de Deus para os israelitas.

A Aliança no Sinai (Êxodo, 20-24)

Esse era o plano, mas ele precisava ser colocado em prática. A presença gloriosa de Deus desceu sobre o Monte Sinai.

O Livro do Êxodo descreve um terremoto, um incêndio, escuridão, nuvens, fumaça e trovões cercando a montanha.

No capítulo 20 do livro do Êxodo, Moisés sobe ao monte e recebe de Deus os Dez Mandamentos, gravados em tábuas de pedra. Por estar na presença de Deus, o rosto de Moisés começou a brilhar (cf. Ex 34, 29-30). Para desenhar Moisés, coloquemos dois raios de luz saindo de seu rosto (cf. Ex 34, 35).

Esta imagem está ficando um pouco complicada, então vamos simplificá-la para obter um ícone da Aliança Mosaica, pela qual Deus tentou restaurar com Israel o relacionamento filial que Adão outrora desfrutara:

Qual era o propósito dos Dez Mandamentos? Toda família precisa de regras. Tenho uma família grande (sete filhos que ainda moram comigo), e temos muitas regras. A maioria delas está escrita e fixada no centro de toda vida familiar: a geladeira. Imagino que, se adotássemos uma criança, uma das primeiras coisas que teríamos de fazer seria levá-la à geladeira e explicar as regras básicas da família.

No Sinai, Deus está adotando Israel como seu «filho primogênito». Os Dez Mandamentos são as regras da família. As três primeiras regras tratam da relação com o Pai. As outras sete regem as relações com os outros irmãos — os demais seres humanos.

Comportando-se diante do Pai	Comportando-se diante dos irmãos
Não terás outros deuses diante de minha face.	Honrarás teu pai e tua mãe.
	Não matarás.
Não pronunciarás em vão o nome do Senhor, teu Deus.	Não cometerás adultério.
	Não furtarás.
Santificarás o dia de sábado.	Não levantarás falso testemunho contra teu próximo.
	Não cobiçarás a mulher do teu próximo.
	Não cobiçarás os bens do teu próximo.

Os três capítulos seguintes do Êxodo (21-23) fornecem para os israelitas regras adicionais derivadas dos Dez Mandamentos, destinadas a governar sua vida enquanto nação. Afinal, os israelitas não são apenas uma família, mas também uma nação com um governo e leis civis.

A narrativa de Êxodo 24 enfatiza mais uma vez a filiação de Israel em relação a Deus. Moisés dirige-se aos pés do Monte Sinai e constrói ali um altar. Então, com a ajuda de alguns misteriosos «jovens» do povo de Israel — falaremos mais sobre eles depois —, oferece sacrifícios a Deus. Ele lê então todos os mandamentos — as «regras da família» — para o povo. «Faremos tudo o que o Senhor disse e seremos obedientes», respondem os israelitas, entre lágrimas (Ex 24, 3-7).

Em seguida, Moisés pega metade do sangue dos sacrifícios e asperge sobre o povo, jogando a outra metade sobre o altar. O altar representava a presença de Deus. Jogar o sangue no altar e nas pessoas significava que agora eles compartilhavam do mesmo sangue. Deus e o povo eram agora uma família! Mas o ritual também tinha um significado mais sombrio: se qualquer uma das partes quebrasse o pacto, *que o seu sangue seja derramado*. Moisés termina a cerimônia com palavras solenes: «Eis o sangue da aliança que o Senhor fez convosco!» (Ex 24, 8).

As famílias comem juntas. Pelo menos assim deveria ser. Mas, entre o treino de futebol, as aulas de música e a TV, será que sobra algum tempo? Certamente, nos tempos antigos (antes que os esportes estivessem organizados), as famílias costumavam comer juntas. É por isso que, assim que a cerimônia do «um só sangue» chega ao fim, Deus convida Moisés e os líderes do povo para subir ao Monte Sinai a fim de compartilhar uma refeição com ele. A Bíblia diz: «Eles viram a Deus, depois comeram e beberam» (Ex 24, 11).

As cerimônias destinadas à formação da família estão concluídas. Deus jamais esteve tão próximo dos seres humanos desde que Adão e Eva foram expulsos do jardim. O jardim já havia servido como lugar onde Deus podia se encontrar e conversar com seus filhos. Os filhos de Israel precisarão de um novo «Éden» onde possam se encontrar com Deus — e seria muito bom se esse «Éden» fosse móvel, porque, como se pode ver, esses filhos estão sempre vagando pelo deserto. Então Deus traz Moisés de volta ao Monte Sinai a fim de dar-lhe instruções para a construção do Tabernáculo, uma grande tenda, decorada com lembranças do Éden, que possibilitará para o encontro com Deus (cf. Ex 25-31).

Esta foi a lua de mel do povo de Israel com o Senhor. Tudo estava bem. Tudo finalmente havia dado certo.

Mas a lua de mel não duraria muito.

O fim da lua de mel (Êxodo 32-34)

Seria bom se a história entre Israel e Deus terminasse por aqui: se tornaram uma família e viveram felizes para sempre.

Israel tem o *status* de filho primogênito e sacerdote real entre as nações. Não sabemos exatamente como isso teria funcionado, mas presume-se que eles teriam governado os outros povos da terra e conduzido as outras nações à adoração, de modo que os «filhos mais novos» — os outros povos — também pudessem ter entrado para a família de Deus.

Nada disso aconteceu, é claro. Moisés passou tempo demais na montanha recebendo instruções a respeito do Tabernáculo — ou assim pensaram os israelitas. Imaginando que ele havia «desaparecido em ação», decidiram abandonar o novo culto que tinham adotado e voltar à antiga religião: a adoração ao bezerro, como haviam feito no Egito. Pressionaram Aarão para que construísse para eles um bezerro de ouro. A Bíblia diz que ofereceram sacrifícios a esse ídolo; e, assim que terminou, «o povo assentou-se para comer e beber, e depois levantou-se para se divertir» (Ex 32, 6). A expressão «se divertir» aqui soa bem inocente, mas o tipo de coisas que eles começaram a fazer provavelmente não era tão inocente assim. A adoração pagã era muitas vezes bastante escandalosa.

Moisés desce da montanha e não fica nem um pouco satisfeito. Destruindo as tábuas com os Dez Mandamentos, reúne sua própria tribo — os levitas — e impõe a lei marcial para recuperar o controle do povo, que havia entrado em total desregramento com a festa. (Aqueles que se lembram podem pensar em Woodstock...)

Os levitas atravessam o acampamento, lutando e executando os líderes dessa rebelião. Para recompensá-los por sua coragem, Moisés prometeu-lhes o *status* de sacerdotes em Israel (cf. Ex 32, 25-29).

As consequências da rebelião não foram nada boas. Em Êxodo 33-34, Moisés volta ao Monte Sinai para implorar a Deus que conduza Israel de volta à aliança. Deus consente e reconstrói a aliança com Israel em Êxodo 34. Mas as coisas já não são as mesmas. A aliança fora prejudicada. Embora renovada por Deus, a aliança já não é tão boa quanto antes. Vamos chamar esse *remake* da Aliança Mosaica de «Segundo Sinai».

Este é o desenho do «Segundo Sinai». Parece a aliança original do Sinai, mas agora as tábuas estão quebradas:

Se você ler a Bíblia com atenção, especialmente de Êxodo 32 em diante, verá que, quando Deus refaz a aliança com Israel, acrescenta muitas outras leis — todo o Livro do Levítico, por exemplo, com todas as suas normas sobre os sacrifícios e sobre a «limpeza», é adicionado à aliança após o episódio do bezerro de ouro. Acrescentemos algumas tábuas das leis para representar esse fato:

Desde os tempos antigos, os cristãos encaram essas leis adicionais como um propósito penitencial. Quando você vai se confessar, o padre lhe dá uma penitência a ser cumprida: geralmente uma oração ou uma boa ação. A penitência que o padre dá nunca é uma coisa ruim. No entanto, ele só pede para você praticá-la porque você pecou.

Essas leis *extras* adicionadas à aliança após o bezerro de ouro são semelhantes. Não são algo ruim, mas foram conferidas a Israel por causa do pecado. Foram feitas para ensinar certas verdades espirituais. As leis do sacrifício, por exemplo, geralmente envolviam a morte de um animal (cf. Lv 1-7), o que ensinava a lição de que o pecado leva à morte. Se Deus é vida, afastar-se dele (o pecado) sempre significa morte para algo ou alguém.

Assim, as leis adicionais ensinaram lições espirituais e ajudaram a restaurar a saúde espiritual de Israel — os mesmos objetivos que as penitências têm hoje. São Paulo parece ensinar essa visão «penitencial» da Lei em Gálatas 3, 19, onde afirma: «Então, que é a Lei? É um complemento ajuntado em vista das transgressões».

São Paulo provavelmente não quis referir-se aos Dez Mandamentos com a palavra «lei». Eles não precisavam de nenhum acréscimo: eram originais. Pode ser que estivesse pensando no grande volume de regulamentos (como todo o Livro de Levítico) que foi adicionado mais tarde, após as transgressões do incidente do bezerro em Êxodo 32.

À medida que continuarmos a leitura da Bíblia, descobriremos que, finalmente, depois de um ano inteiro no Monte Sinai, Deus acrescentou todas as leis necessárias, e Moisés organizou o povo em ordem de marcha para entrar na Terra Prometida (cf. Nm 1, 10).

Os desertores: abandonando a Deus no deserto (Números 1, 10-25)

Os leitores mais velhos hão de se recordar de um programa de TV chamado *Gilligan's Island* (no Brasil, *Ilha dos birutas*), sobre náufragos que ficaram perdidos em uma ilha durante anos, depois do que deveria ser apenas um «*tour* de três horas». Um passeio de *três horas*! A viagem israelita à Terra Prometida acabou sendo um pouco como a *Ilha dos birutas*. Deveria ter sido curta, mas acabou durando uma vida inteira. Caminhar do Monte Sinai até a Terra Prometida era questão de dias — semanas, no máximo. No entanto, eles acabaram vagando no deserto por *quarenta anos*.

Por quê? Por causa de mais rebeliões. Como lemos no Livro dos Números, o povo de Israel não consegue deixar o Sinai até o capítulo 10 e começa a se rebelar contra Deus no primeiro versículo do capítulo 11! Eles reclamam de tudo — da comida, da água e de como Moisés está administrando as coisas. Todos acabam se envolvendo em uma questão ou outra — das pessoas pobres que viviam à margem do acampamento até os ricos e influentes Aarão e Míriam, os próprios irmãos de Moisés. Há, de fato, pelo menos nove rebeliões contra Deus relatadas no livro dos Números. A impressão que se tem é a de que todos os quarenta anos de peregrinação foram uma longa revolta.

Queremos nos fixar em uma rebelião em particular, dada no capítulo 14 de Números e na qual o povo de Israel envia doze espiões à Terra Prometida para explorá-la. Esses espiões eram um bando de pessimistas, que fazem um relatório negativo: «Não somos capazes de atacar esse povo; é mais forte do que nós» (Nm 13, 31). O povo entra em pânico, perde a fé, quer matar Moisés e escolher outro líder para levá-los de volta ao Egito.

Numa espécie de repetição do acontecimento do bezerro de ouro, Moisés se vê mais uma vez suplicando a Deus em favor do povo. O Senhor cede de novo e perdoa o povo em resposta às orações de Moisés. Mas Deus insiste em que aquela geração morrerá enquanto vaga pelo deserto, e somente seus filhos entrarão na Terra Prometida.

A segunda geração — os filhos daqueles que tinham deixado o Egito — cresceu no deserto, conforme os relatos de Números de 14 a 24. Depositamos neles grandes esperanças, especialmente depois que foram abençoados quatro vezes por um certo profeta chamado Balaão (cf. Nm 22-24). Mas nossas esperanças vão por água abaixo quando a segunda geração também cai na armadilha de adorar deuses pagãos, num lugar chamado Bete-Peor, na terra de Moabe, nas imediações da Terra Prometida (cf. Nm 25).

Então, no fim do livro de Números, as coisas não vão nada bem. O povo de Israel tem se rebelado contra Deus durante quarenta anos no deserto. A segunda geração se estabeleceu, mas não é muito melhor do que a de seus pais. Não fossem os esforços de Moisés, o Senhor e Israel já se teriam separado havia muito tempo.

Deuteronômio, uma longa homilia (Deuteronômio 5-9, 31-34)

Neste momento, temos uma última reelaboração da aliança por meio de Moisés. Esta remodelagem é chamada Deuteronômio. A palavra «Deuteronômio» vem das palavras gregas *deutero*, que significa «segundo», e *nomos*, que significa «lei». O Deuteronômio é a «segunda lei». Na verdade, se formos muito rigorosos, é a «terceira lei», mas os povos antigos que compilaram a Bíblia juntaram o primeiro e o segundo Sinai e contaram duas legislações: Sinai e Deuteronômio.

É importante lembrar que o que acontece no livro do Deuteronômio é muito diferente do que aconteceu no Sinai. Os acontecimentos no Sinai ocorreram dentro de um ano após o Êxodo (cf. 10, 11-12). O Deuteronômio ocorre quarenta anos depois do Êxodo (cf. Dt 1, 3). Os eventos do Sinai ocorreram na famosa montanha ou perto dela; o Deuteronômio dá-se na terra de Moabe, uma área plana fora da terra de Israel, a leste (cf. Dt 1, 5).

No Sinai, Deus apareceu ao povo em meio a trovões, nuvens e relâmpagos. No Deuteronômio, Deus não aparece de modo algum para o povo. Ele fala privadamente com Moisés, mas tudo o que o povo vê é Moisés pregando para eles... por trinta e quatro capítulos! Que tal uma homilia interminável?

Além disso, na maior parte do tempo, Moisés não está de bom humor (cf. Dt 1, 37; 3, 26; 31, 24-29):

Ele lembra ao povo de todas as vezes que tinham violado a aliança e se rebelado contra Deus (cf. Dt 9, 1-29; 32, 1-47):

Em seguida, dá-lhes novamente as leis da aliança, desta vez acrescentando ainda mais normas, entre elas algumas que não eram tão sublimes (cf. Dt 12-26). Como Jesus apontará mais de mil anos depois, algumas das leis que Moisés dá em Deuteronômio não estavam entre as melhores leis de Deus, mas foram dadas por causa da «dureza de coração» dos israelitas (cf. Mt 19, 8; compare-se com Ez 20, 25; Gl 3, 19).

O melhor exemplo é a lei sobre o divórcio. O divórcio não é mencionado nas leis do Sinai. Mas em Deuteronômio, depois de quarenta anos de rebelião no deserto, Moisés permite silenciosamente que os homens de Israel se divorciem de suas esposas (cf. Dt 24, 1). Esta não era a melhor e mais nobre lei de Deus, mas pode ter sido impraticável manter esses homens em um padrão mais elevado.

Outro exemplo seriam as leis sobre a guerra. Em Deuteronômio, Moisés proíbe os israelitas de fazerem qualquer tratado de paz com o povo da Terra Prometida (cf. 20, 16-18). Eles têm de travar uma guerra total contra eles. Este não é o mais digno nem o melhor modo de proceder. No entanto, Moisés teme que qualquer coisa inferior a uma guerra total resulte na assimilação pelos israelitas dos costumes pagãos, a ponto de perderem sua identidade (cf. Dt 20, 18). Infelizmente, seus temores estavam bem fundamentados. O povo não declarou guerra total e acabou adotando o paganismo dos cananeus (cf. Jz 3, 5-6).

No entanto, para o bem ou para o mal, o Deuteronômio se tornou a terceira e última celebração da aliança por meio de Moisés. O Livro do Deuteronômio representou a forma final da Lei da Aliança para o povo de Israel.

Depois de outorgar as leis do Deuteronômio, Moisés sobe a um certo monte Pisga, na terra de Moabe, onde Deus lhe dá a visão de toda a Terra Prometida (cf. Dt 34, 1-8). Moisés, então, morre. Alguns dizem que foi sepultado por Deus; outros, que seu corpo teria sido levado por Deus ao céu. Infelizmente, Moisés nunca completou sua missão de levar os israelitas até sua terra natal.

De todo modo, o fim do Deuteronômio é a conclusão dos livros de Moisés e do relato bíblico da Aliança Mosaica. Como vimos, essa aliança é um pouco complicada. Foi rompida e refeita pelo menos duas vezes:

Primeiro Sinai   Segundo Sinai   Deuteronômio

Para nossa finalidade, concentrar-nos-emos no primeiro Sinai quando precisarmos relacionar a aliança de Moisés com as outras alianças da história da salvação.

Até agora, portanto, cobrimos quatro delas:

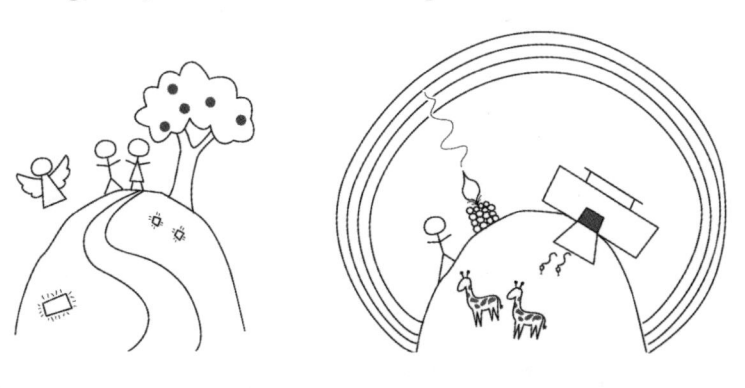

Aliança Adâmica   Aliança Noética

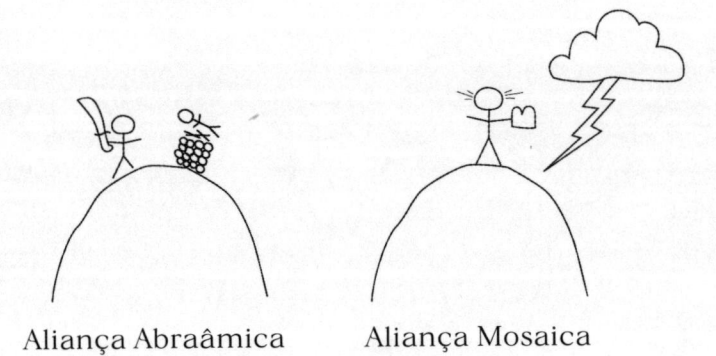

Aliança Abraâmica   Aliança Mosaica

CAPÍTULO 5

O único e eterno rei: a Aliança de Davi

Leitura sugerida: I Samuel 16-24; 2 Samuel 5-12; 23

Tribos em apuros: de Josué a Davi

Antes de darmos o próximo grande passo na história da salvação, é preciso dizer que muita água rolou após a entrega da Aliança Mosaica. Cerca de quinhentos anos se passam, segundo a cronologia bíblica.

Esse período é narrado na Bíblia nos livros de Josué, Juízes, Rute e I Samuel. Pessoalmente, gosto muito das histórias e lições contidas nesses livros, que são por vezes engraçadas, comoventes, quiçá impressionantes — mas nunca enfadonhas. Infelizmente, só teremos espaço para um breve resumo desse período.

No livro de Josué, aprendemos como Josué, o sucessor de Moisés, conduz com sucesso o povo de Israel à Terra Prometida. O nome de Josué em hebraico é *Y'shua*. Em sua forma grega, esse nome se tornará «Jesus». Josué é uma figura ou tipo de um certo *Y'shua* que estava por vir. Como Josué antes dele, este futuro Yeshua obterá sucesso onde Moisés falhou e conduzirá o povo de Deus a um lugar para onde Moisés e sua aliança não poderiam levá-los.

No livro dos Juízes descobrimos que, depois que a geração de Josué faleceu, o povo de Israel passou centenas de anos mergulhado em diversas tribulações. Eles entram em um ciclo de *pecado* contra Deus, *sofrimento* nas mãos de seus inimigos, *tristeza* por causa de seus pecados e *salvação* pela intervenção de algum líder enviado por Deus, ao que esse ciclo de pecado-sofrimento-tristeza-salvação se repete. Em cada uma dessas vezes, Deus lhes envia um líder ou um «juiz» que conduz o povo de volta à obediência a Deus e à vitória sobre seus inimigos. Infelizmente, após a morte de cada juiz, o povo volta a desobedecer à aliança divina (cf. Jz 2, 11-23).

O Primeiro Livro de Samuel começa com um longo relato acerca do último juiz, um certo profeta chamado Samuel que supervisiona uma transição muito importante para o povo de Israel: uma mudança de governo de *juízes* para *reis*. Os juízes eram governantes que comandavam o povo durante sua própria vida, enquanto o rei passava o papel de liderança para seu filho. Isso criava uma dinastia, uma série de governantes de uma mesma família.

Quando chegamos ao capítulo 8 do Primeiro Livro de Samuel, o povo de Israel já está cansado dos altos e baixos ocasionados pelo governo dos juízes. Querem a estabilidade trazida por um rei. O profeta Samuel os adverte, dizendo que ter um rei não é tudo aquilo que eles esperavam. Ter um rei também trazia altos impostos e opressão política. No entanto, o povo insiste. Samuel cede e nomeia um rei para eles: um certo Saul, da tribo de Benjamim.

Saul parece a pessoa mais adequada para a função: a maioria dos outros israelitas chegava apenas à altura dos seus ombros. Ter um físico imponente era grande vantagem em uma época em que um dos principais deveres do rei era liderar o exército em batalha. O reinado de Saul começa bem, mas depois de algumas vitórias militares sua administração passa a sair dos eixos. Saul tem muitas falhas de caráter: toma decisões por medo ou sem pensar; é descuidado na adoração a Deus, bem como inseguro e invejoso; além disso, sente-se ameaçado pelos sucessos de seus subordinados. Logo fica óbvio para Samuel que o povo precisa de um tipo diferente de rei. Então, neste ponto da história bíblica, somos apresentados ao homem mais importante do Antigo Testamento: Davi.

Davi, o mais amado

O nome *Davi*, em hebraico, significa «o amado», e o significado do nome de Davi é muito apropriado ao seu papel na história da salvação. Davi se tornou o «amado» de Deus, bem como o rei e poeta mais amado de Israel.

É difícil superestimar a importância de Davi na história da salvação. Alguns pensam que Moisés é a figura principal do Antigo Testamento — e não há dúvidas de que Moisés é um homem *extremamente* importante. No entanto, Moisés é mencionado pouco mais de oitocentas vezes no Antigo Testamento católico, e cerca de 90% dessas referências estão nos seis primeiros livros: de Gênesis a Josué. Nos quarenta livros restantes do Antigo Testamento, há apenas uma ou outra menção a ele.

Davi, por sua vez, não é mencionado nos primeiros sete livros da Bíblia. Ouvimos falar dele no final do livro de Rute, que narra uma história de amor entre Booz e Rute de Belém, os bisavós de Davi. Depois do livro de Rute, não ouvimos falar dele novamente até 1 Samuel 16. Depois disso, no entanto, não há como contestar: Davi é mencionado mais de mil vezes no restante do Antigo Testamento.

Costumo dizer aos meus alunos que do Gênesis a Josué funciona a «TV Moisés», mas de Rute ao fim do Antigo Testamento mudamos para a «TV Davi: tudo Davi, só Davi, o tempo inteiro». Os livros históricos registram a história do reino de

Davi. Os salmos foram escritos ou inspirados por Davi. Os livros sapienciais têm sua fonte em Salomão, filho de Davi. Os profetas prometem que o reino de Davi será restaurado.

O que esse Davi tem? (1 Samuel 16-17; 2 Samuel 5-6)

Na primeira aparição de Davi no palco bíblico, não conseguimos imaginar o seu destino grandioso. Em 1 Samuel 16, a administração de Saul desanda e vai de mal a pior. Samuel, em uma missão dada por Deus, vai à cidade de Belém (literalmente, «casa do pão») em busca de um novo rei. Ele escolhe a família de certo Jessé, um rico proprietário de rebanhos, e examina cada um de seus filhos em busca de um potencial de realeza nos rapazes. Nenhum deles parece muito adequado, até que Jessé chama seu último e oitavo filho, Davi, que estava cuidando das ovelhas. Davi é ruivo e bonito, e então Deus diz a Samuel: «Vamos, unge-o: é ele» (1 Sm 16, 12). Assim faz Samuel. Oito é por vezes considerado o número bíblico que carrega o significado de um novo começo. Com a unção de Davi, um novo dia raiou na história da salvação. Correndo o risco de exagerar nas palavras, gostaria de resumir a grandeza de Davi em três categorias: *política*, *litúrgica* e *escatológica*. Em linguagem mais simples, Davi foi grande pelo que fez por Israel como nação histórica (*política*), pelo que fez pela adoração (*liturgia*) e pelo que simbolizava para o futuro do povo de Deus (*escatologia*).

Politicamente, Davi foi um hábil guerreiro e um brilhante general que unificou as Doze Tribos de Israel e lançou as bases não apenas de uma grande nação, mas de um império israelita que incluía as nações gentias circunvizinhas como satélites ou estados vassalos (cf. 2 Sm 9). Esse império atingiu seu auge no governo de Salomão, filho de Davi, mas Salomão estava aproveitando o impulso deixado por seu pai (cf. 1 Rs 10).

Um dos primeiros e mais estratégicos movimentos de Davi foi estabelecer Jerusalém como capital de Israel (cf. 2 Sm 5). Jerusalém era uma cidade que nunca havia sido tomada por nenhuma das tribos de Israel. Até os dias de Davi, Jerusalém foi governada por um povo conhecido como os jebuseus, habitantes originais da terra, que os israelitas não conseguiram expulsar.

Jerusalém também se localizava na fronteira entre o norte e o sul israelitas. Ao norte de Jerusalém ficava a terra das dez tribos do norte. Ao sul, o grande território meridional da tribo de Judá (que havia muito também tinha absorvido a tribo de Simeão). Esta foi a principal divisão cultural de Israel. Era a «Linha do Equador» israelita.

Dado que Jerusalém não havia pertencido a nenhuma tribo israelita, Davi, tornando-a sua capital, não estava tomando o território de nenhum povo. Além disso, como ficava na fronteira do norte com o sul, não estava favorecendo nem as tribos do norte, nem sua própria tribo (que pertencia ao sul). A jogada de Davi foi politicamente brilhante e muito parecida com a decisão dos Estados Unidos de colocar sua capital em Washington, D.C., ou com a escolha do Canadá por Ottawa (na fronteira entre Ontário e Quebec).

Ao longo da história, Jerusalém se tornou (e continua sendo) a maior cidade de Israel. De fato, dificilmente podemos imaginar o judaísmo, o cristianismo ou a própria Bíblia sem Jerusalém no centro. No entanto, também precisamos ter em mente que Moisés *não disse nada sobre Jerusalém*. Na verdade, Jerusalém quase não é mencionada na Bíblia antes de Davi torná-la sua capital em 2 Samuel 5. Depois disso, porém, é mencionada cerca de *oitocentas vezes*. Toda vez que ouvimos «Jerusalém», precisamos nos lembrar de Davi. Sem Davi, não haveria Jerusalém.

Liturgicamente, Davi foi um grande reformador que «praticava o que pregava», servindo de exemplo para seu povo em relação à importância que a adoração deveria ter em suas vidas. O segundo ato de Davi como rei — depois de fazer de Jerusalém sua capital — foi trazer a Arca da Aliança para sua nova sede (cf. 2 Sm 6). A Arca da Aliança era uma espécie de trono portátil sobre o qual pousava a presença divina; fora feita por Moisés para servir como centro de adoração do povo de Deus. Davi quis trazer a Arca para Jerusalém porque era conveniente para si mesmo (como rei) a adoração a Deus e para colocar a adoração divina no centro da vida nacional.

Mas Davi fez mais pela adoração além de transferir a Arca para sua capital. Ele também acrescentou o canto e a música na adoração. Isso mesmo: toda a adoração de Moisés era feita em silêncio. Os cânticos e hinos durante a adoração foram uma novidade trazida por Davi. No antigo Israel, uma canção sagrada era um *mizmor*, traduzido para o grego como *psalmos*, o que resulta, em português, na palavra *salmo* e no livro dos Salmos. Davi foi o primeiro compositor de salmos. De acordo com a tradição bíblica, a maioria dos salmos que nos foram transmitidos foi escrita por Davi ou por homens que ele designara para cantar no santuário. Davi é lembrado como o «doce cantor de Israel» (2 Sm 23, 1). Os Salmos que ele compôs falam do intenso relacionamento que tinha com Deus. A alta prioridade que Davi colocou na adoração é certamente uma das razões pelas quais a Bíblia o chama de «homem segundo o coração de Deus» (1 Sm 13, 14).

Por fim, Davi foi *um sinal daquele que estava por vir*. Davi prenunciou Jesus Cristo. A palavra *cristo* vem da tradução grega da palavra hebraica *messias*, que significa «ungido» ou, literalmente, «manchado com óleo». Como Jesus depois dele, Davi é um «ungido» que está coberto não apenas com óleo, mas também com o Espírito de Deus. Essa «unção» do Espírito de Deus deu a Davi o poder de expulsar demônios (cf. 1 Sm 16, 13-23). É por isso que tantos anos depois, quando Jesus expulsa demônios, as pessoas dizem: «Não será este o filho de Davi?» (Mt 12, 23).

Como Jesus, Davi foi um *rei sofredor* durante grande parte da vida. Embora ungido, passou a maior parte do início de sua vida pública fugindo de seu sogro, o rei Saul, que o perseguia descaradamente (cf. 1 Sm 18-31). Mesmo depois de se tornar rei, Davi seria forçado a deixar o cargo por causa de seu filho Absalão, que conspirou não apenas para derrubá-lo, mas também para matá-lo (cf. 1 Sm 15-20). Davi escreveu sobre seus sofrimentos nos Salmos, e muitos desses Salmos tornaram-se profecias do que o próprio Jesus sofreria tantos anos depois (veja-se o Sl 22).

A Aliança Davídica (2 Samuel 7)

Segundo outra perspectiva, podemos dizer que Davi foi assim importante na Bíblia porque Deus fez com ele uma aliança muito especial. Em 2 Samuel 7, vemos como Deus acabou lhe concedendo essa aliança. Davi acabara de se tornar rei das doze tribos de Israel e de fazer de Jerusalém sua capital, ao que começou a se sentir mal por ele mesmo estar vivendo em um palácio luxuoso enquanto a Arca de Deus ficava em uma simples tenda. Davi, então, teve a ideia de construir um templo magnífico para colocar a Arca e contou-a ao profeta Natã, que era seu amigo íntimo. Natã recebeu do Senhor a famosa resposta:

> Mas a palavra do Senhor foi dirigida a Natã naquela mesma noite e dizia: «Vai e dize ao meu servo Davi: "Eis o que diz o Senhor: Não és tu quem me edificará uma casa para eu habitar?" Desde que tirei da terra do Egito os filhos de Israel até o dia de hoje, não habitei casa alguma, mas, qual um viandante, tenho-me alojado sob a tenda e sob um tabernáculo improvisado. E em todo esse tempo que andei no meio dos israelitas, falei eu porventura a algum dos chefes de Israel que encarreguei de apascentar o meu povo: "Por que não me edificas uma casa de cedro?" Dirás, pois, ao meu servo Davi: "Eis o que diz o Senhor dos exércitos: Eu te tirei das pastagens onde guardavas tuas ovelhas para fazer de ti o chefe de meu povo de Israel. Estive contigo em toda a parte por onde andaste; exterminei diante de ti todos os teus inimigos e fiz o teu nome comparável ao dos grandes da terra. Designei um lugar para o meu povo de Israel: plantei-o nele, e ali ele mora sem ser inquietado, e os maus não o oprimirão mais como outrora, no tempo em que eu estabelecia juízes sobre o meu povo. Concedo-te uma vida tranquila, livrando-te de todos os teus inimigos. O Senhor anuncia-te que quer fazer-te uma casa. Quando chegar o fim de teus dias e repousares com os teus pais, então suscitarei depois de ti a tua posteridade, aquele que sairá de tuas entranhas, e firmarei o seu reino. Ele me construirá um templo e firmarei para sempre o seu trono real. Eu serei para ele um pai e ele será para mim um filho. Se ele cometer alguma falta, eu o castigarei com

> vara de homens e com açoites de homens, mas não lhe tirarei a minha graça, como a retirei de Saul, a quem afastei de ti. Tua casa e teu reino estão estabelecidos para sempre diante de mim, e o teu trono está firme para sempre"» (2 Sm 7, 4-16).

Em certo sentido, a resposta de Deus pode ser resumida como: «O quê? *Você* me constrói uma casa? Não, *eu* construo uma casa para você!». Há uma brincadeira com a palavra «casa»: ela pode significar «templo», como na expressão «Casa de Deus», e pode significar uma família de governantes ou uma «dinastia». Por exemplo, a família real da Inglaterra é conhecida como a «Casa de Windsor», enquanto a família real holandesa é a «Casa de Orange». Davi quer construir uma «casa» para Deus (templo), mas Deus promete construir uma «casa» para Davi (dinastia).

Reflitamos sobre as várias promessas que Deus faz a Davi nesta aliança. Primeiro, observemos a promessa de um *grande nome*. Não víamos esta promessa desde os dias de Abraão, quando Deus prometeu a Abraão *exaltar o seu nome* durante a aliança da circuncisão (cf. Gn 17). Há uma forte conexão entre a Aliança Abraâmica e a Aliança Davídica. A promessa de Deus de *exaltar o nome* de Abraão — que significava realeza — agora está sendo cumprida em sua «semente», Davi.

O conteúdo da aliança com Davi diz respeito principalmente à promessa de um filho e herdeiro que continuará o reino davídico e construirá um templo para Deus. Esse filho é chamado de «descendência» ou «posteridade» de Davi. Esta é outra conexão com a Aliança Abraâmica, que também estava focada na posteridade de Abraão. Vamos descobrir que a «posteridade» de Abraão e a «posteridade» de Davi acabam sendo a mesma Pessoa (cf. Mt 1, 1).

Não menos importante é a promessa divina de que o filho de Davi seria adotado como filho de Deus: «Eu serei para ele um pai e ele será para mim um filho» (2 Sm 7, 14). Não ouvimos quase nada a respeito da filiação divina desde o livro do Êxodo, quando Deus se referiu a Israel como «meu filho primogênito». Mas Israel não parecia desejar essa filiação divina com ardor.

Preferira adorar um bezerro de ouro. A filiação que Israel rejeitou está agora sendo dada a Davi e a seus filhos.

Para resumir a Aliança Davídica, Deus promete a Davi um filho que (1) construirá o templo de Deus, (2) será o Filho de Deus e (3) governará Israel para sempre. Esta aliança é dada a Davi no Monte Sião, a parte de Jerusalém onde ficava seu palácio. Não podemos deixar de notar que o Monte Sião se parece bastante com o Éden, o Moriá e o Sinai:

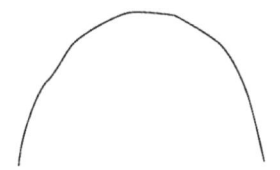

Desenhemos Davi no topo da montanha:

Como a Aliança Davídica está muito ligada ao Templo, devemos colocá-lo no desenho. O Templo é grande demais para caber em Sião, e por isso precisaremos de um terraço:

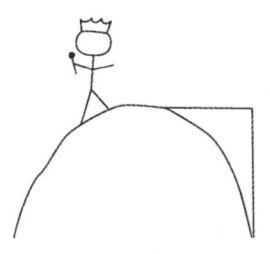

Não é difícil desenhar o Templo — era uma construção grande e retangular. Vamos colocar uma Estrela de Davi nele para indicar que pertencia ao rei. (Historicamente, porém, a Estrela de Davi só seria usada muito mais tarde.)

Esta será a imagem que usaremos para representar a Aliança Davídica.

Quem foi herdeiro da Aliança Davídica?

Em 2 Samuel 7, Deus disse a Davi: «Quando chegar o fim de teus dias e repousares com os teus pais, então suscitarei depois de ti a tua posteridade, aquele que sairá de tuas entranhas e firmarei o seu reino». Quem é, afinal, essa «posteridade» ou filho de Davi? Mais imediatamente, refere-se a Salomão, que será o sucessor de Davi e construirá um templo feito de pedra para Deus em Jerusalém. No entanto, a «posteridade» de Davi também se refere a cada um de seus «filhos» que seguirão Salomão no trono por centenas de anos. Por fim, a «posteridade» de Davi aponta para um Filho definitivo que nunca morrerá, que reinará sobre um trono eterno e que construirá um templo para Deus que durará para sempre.

Os papéis de Davi, e de que modo a Aliança Davídica se integra à história da salvação

A Aliança Davídica prometia que o filho de Davi seria o filho adotivo de Deus. O Salmo 89 deixa claro que a mesma promessa já se aplicava ao próprio Davi, a quem Deus considerava seu filho: «Achei Davi, meu servo... Ele me invocará: "Vós sois meu Pai, vós sois meu Deus e meu rochedo protetor". Por isso, eu o constituirei meu primogênito, o mais excelso dentre todos os reis da terra»

(Sl 89, 20-27). Isso nos lembra de Adão e da promessa a Israel. E só poderia ser assim! Davi é como um novo Adão e encarna o povo de Israel. Vamos dar-lhe o «brilho filial»:

E, como Davi foi nomeado Rei de Israel, podemos acrescentar a coroa:

Não se fala tanto nisso, mas Davi também foi sacerdote. O Salmo 110 diz, sobre Davi e seus sucessores: «Tu és sacerdote para sempre, segundo a ordem de Melquisedeque».

Quem foi Melquisedeque? Uma breve pesquisa revela que foi um rei-sacerdote que governou Jerusalém durante o tempo de Abraão. Ele aparece em Gênesis 14, 18-20. Naquela época, Jerusalém era conhecida simplesmente como «Salem». Como Davi acabou se transformando em sacerdote da linhagem de Melquisedeque? Parece que Davi se tornou herdeiro e sucessor de Melquisedeque quando converteu-se em rei de Jerusalém, a antiga cidade real de Melquisedeque

— algo semelhante ao modo como alguém se torna sucessor de Pedro quando assume o cargo de bispo de Roma. Todos os direitos e privilégios de Melquisedeque foram transmitidos a Davi, incluindo o papel sacerdotal. É por isso que vemos Davi adotando práticas sacerdotais, como o uso de um éfode (manto sacerdotal), a oferta de sacrifícios e a bênção do povo (cf. 2 Sm 6); e é por isso que se diz que «os filhos de Davi eram sacerdotes» (2 Sm 8, 18).

Davi também tinha o dom da profecia. Ele mesmo estava ciente disso. Diz ele: «O Espírito do Senhor fala por mim, sua palavra está na minha língua» (2 Sm 23, 2). Esse dom profético fazia parte do «pacote» que recebera do Espírito Santo ainda menino. Por esta razão, muitos dos Salmos de Davi não são apenas cânticos de adoração, mas também profecias. Um dos mais famosos é o Salmo 21, facilmente reconhecido como uma profecia da crucificação:

> Meu Deus, meu Deus, por que me abandonastes?
> Todos os que me veem zombam de mim; dizem, meneando a cabeça: «Esperou no Senhor, pois que ele o livre; que o salve, se o ama». Sim, rodeia-me uma malta de cães, cerca-me um bando de malfeitores. Traspassaram minhas mãos e meus pés: poderia contar todos os meus ossos. Eles me olham e me observam com alegria, repartem entre si as minhas vestes e lançam sorte sobre a minha túnica (Sl 22, 1.7-8.16-18).

Então vamos fazer de Davi um profeta também:

Por fim, Davi era uma espécie de noivo para o povo de Israel. Encontramos pistas disso em vários lugares na Bíblia, mas a mais importante de todas aparece quando o povo de Israel vem a Davi para fazê-lo rei (cf. 2 Sm 5) e lhe diz: «Vê: não somos nós teus *ossos* e tua *carne*», o que lembra as palavras de Adão sobre Eva: «Osso do meus ossos e carne da minha carne, ela se chamará mulher» (Gn 2, 23). Os anciãos de Israel então fazem uma aliança com Davi para que ele seja seu rei.

Alguns estudiosos da Bíblia apontaram que Gênesis 2 (com Adão e Eva) e 2 Samuel 5 (com Davi e Israel) são os dois únicos lugares na Bíblia em que a expressão «osso e carne» é usada para fazer uma aliança. Davi é como um rei esponsal para Israel, que é seu povo e sua noiva.

Vemos essa ideia voltar muito mais tarde na vida de Davi, durante o tempo em que seu filho Absalão o afasta brevemente do trono e o expulsa de Jerusalém. O cruel general de Absalão dá ao filho traidor um conselho perverso:

> Deixa-me escolher doze mil homens, e irei ainda esta noite perseguir Davi... O rei ficará sozinho, e então o ferirei. Em seguida reconduzirei a ti todo o povo, *assim como a esposa volta para o seu esposo* (2 Sm 17, 1-3).

Podemos desta forma notar que a imagem do marido com a mulher descrevia a relação do rei com o povo. Acrescentemos, pois, a aliança de casamento ao dedo de Davi.

Neste momento, Davi se parece muito com Adão, o que não é nada acidental. Davi foi, de fato, uma espécie de nova figura de Adão, marcando um novo começo para a humanidade. Como Adão, ele desfrutou do relacionamento filial com Deus e reinou sobre grande parte, quiçá sobre toda, a criação. Davi também é um tipo ou imagem de Jesus Cristo, chamado de «último Adão» por São Paulo (cf. 1 Cor 15, 45).

Davi também guarda semelhança com Israel — ou com aquilo que Israel deveria ter se tornado, caso tivesse seguido cuidadosamente a aliança oferecida por meio de Moisés. Deus disse ao Faraó: «Israel é meu filho primogênito» (Ex 4, 22); e prometeu ao povo de Israel: «Vós me sereis um *sacerdócio real*» (Ex 19, 6; grifo meu). Mas esses privilégios foram confiscados após o episódio do bezerro de ouro e durante as nove rebeliões no deserto narradas no livro dos Números. A forma final da Aliança Mosaica, o Deuteronômio, falava muito pouco a respeito sobre filiação, sacerdócio ou realeza em relação a Israel. Deste modo, o que a nação como um todo não pôde reivindicar, Deus o concede ao rei Davi e aos seus sucessores. Embora o povo de Israel não possa desfrutar dos direitos totais da filiação, pelo menos o seu rei o fará — e assim os benefícios poderiam ao menos «respingar» no resto do povo.

Desta maneira, a Aliança Davídica representa um progresso na história da salvação. Adão teve a filiação divina e a perdeu. Ela foi novamente ofertada a Israel, mas rejeitada. Agora, o rei de Israel a possui. Se as pessoas o obedecerem, obterão pelo menos as bênçãos indiretas da filiação. Trata-se de um passo na direção certa, rumo a um tempo em que haverá um Filho de Davi perfeito, que será também o Filho de Deus e tornará a filiação divina disponível para todos. Até agora, aprendemos estas cinco alianças:

Aliança Adâmica

Aliança Noética

Aliança Abraâmica

Aliança Mosaica

Aliança Davídica

CAPÍTULO 6

Da tempestade à bonança: a Nova Aliança nos profetas

Leitura sugerida: 1 Reis 3-8

Ascensão e queda da Aliança Davídica

A Aliança e o Reino Davídico não atingiram o seu ápice sob o próprio Davi, mas sob seu glorioso filho, Salomão. Este é Salomão:

Gosto de desenhá-lo com uma coroa bem grande — ridícula e absurdamente grande. Coloquei essa coroa bizarra em Salomão porque ele era muito rico (muito mesmo!) e também porque queria diferenciá-lo de Davi. A semelhança é tão grande que você não seria capaz de distingui-los, a não ser pela coroa! Salomão é lembrado como o homem mais sábio que já existiu. Segundo o famoso relato de 1 Reis 3, ele ainda era muito jovem quando seu pai Davi morreu e deixou-lhe o reino por herança. Deus apareceu para ele e prometeu conceder-lhe qualquer coisa que pedisse. Em vez de pedir poder, dinheiro ou uma vida longa, Salomão pediu sabedoria para ser um bom governante. Deus ficou satisfeito com isso e lhe concedeu sabedoria — e também a riqueza e o poder que ele nem tinha pedido.

Por esta razão, Salomão é fonte e inspiração para a «literatura sapiencial» da Bíblia: os livros de Provérbios, Eclesiastes, Sabedoria, Cântico dos Cânticos e Eclesiástico. Ele não escreveu todos esses livros sozinho, é claro, mas iniciou a tradição.

Na aliança de Deus com Davi, havia a promessa de que seu filho construiria a «casa de Deus» (ou o Templo), e Salomão a cumpriu. De fato, o ápice de todo o Antigo Testamento está em 1 Reis 8, quando Salomão completa sua obra e dedica seu grande templo ao Senhor:

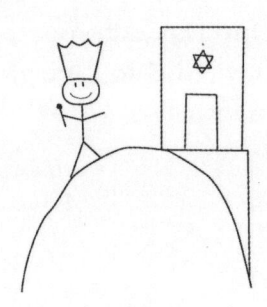

Durante a cerimônia de dedicação, os sacerdotes e levitas trazem a Arca da Aliança e os outros vasos e móveis do Tabernáculo de Moisés para o próprio Templo. Isso simbolizava uma transição: de agora em diante, o Templo substituiria o Tabernáculo construído no deserto.

Vamos parar um pouco para pensar no Templo e constatar que ele era o símbolo e a soma de todas as alianças e de toda a história da salvação. O Templo foi decorado por dentro com imagens e gravuras de flores e animais, com ouro e joias abundantes nas paredes e no mobiliário. As flores, os animais, o ouro e as joias lembravam o Éden e a Aliança Adâmica. Com efeito, o riacho que fluía do lado do monte do Templo era chamado de «Geon» por causa de um dos rios afluentes do Éden (cf. Gn 2, 13; 1 Rs 1, 33).

O Templo também era uma espécie de «nova arca». Assim como a arca de Noé fora um «Éden flutuante», os estudiosos apontaram semelhanças intencionais na forma como a Arca e o Templo haviam sido construídos — ambos com três níveis ou andares, por exemplo (cf. Gn 6, 16; 1 Rs 6, 36).

O local exato onde o Templo foi edificado era bastante importante: a enorme formação rochosa maciça chamada «Moriah», ou «Monte Moriá» (2 Cr 3, 1), onde havia ocorrido, muito tempo antes, o episódio do sacrifício de Isaac. De fato, como já mencionamos, a tradição judaica posterior afirma que os sacrifícios de animais oferecidos no Templo só agradavam a Deus porque faziam reminiscência à auto-oferta de Isaac no mesmo local, ocorrida havia tantos anos. Portanto, o Templo tem uma forte relação com a Aliança Abraâmica.

O Templo também foi o sucessor do Tabernáculo da Aliança Mosaica, graças à transferência da Arca para o seu interior. Este ato também determinava a relação entre as duas alianças. A Arca construída por Moisés move-se dentro do Templo construído por Salomão. Isso significa, em certo sentido, que a Aliança Davídica está absorvendo (ou assimilando) a Mosaica. A partir de agora, o filho de Davi, herdeiro de sua aliança, será responsável por fazer com que Israel guarde a aliança mosaica.

E, claro, o próprio Templo faz parte dos termos da Aliança Davídica. O fato de estar de pé e de Salomão estar ali para rezar a Deus e dedicá-lo a ele (cf. 1 Rs 8) é prova visível de que Deus cumpriu as promessas da aliança feitas a Davi (cf. 2 Sm 7, 12-13).

Para o antigo adorador israelita, a importância do Templo nunca será superestimada. O Templo era uma memória permanente das alianças com Adão, Noé, Abraão, Moisés e Davi. Ele resumia toda a história da salvação e representava toda a relação de Deus com seu povo. Não havia nada maior do que o Templo, exceto o próprio Deus. Muitos anos depois, Jesus apontará para a sua própria presença dizendo: «Aqui está quem é maior do que o templo» (Mt 12, 6). Quando entendemos o quão grande era o Templo, percebemos que Jesus estava afirmando ser Deus.

O que aconteceu depois de Salomão, afinal?

O capítulo 8 do Primeiro Livro de Reis, que descreve a conclusão e dedicação do Templo de Salomão, é o ponto alto do Antigo Testamento. Tudo descende dali. Infelizmente, no entanto, o declínio começa durante o próprio reinado de Salomão. Perto do fim de sua vida, as esposas estrangeiras do rei o persuadiram a construir santuários para seus deuses pagãos, e Salomão não foi mais o homem dedicado ao Senhor como outrora (cf. 1 Rs 11). Ele também começou a cobrar altos impostos do povo de Israel (cf. 1 Rs 12, 4).

Concluído o reinado de Salomão, as dez tribos do norte de Israel se separaram da Casa de Davi tão logo Roboão, filho de Salomão, recusou-se a extinguir os impostos (cf. 1 Rs 12). Escolheram um rei diferente, de fora da linhagem de Davi, e voltaram ao culto do bezerro de ouro, como Israel outrora no deserto.

As tribos de Judá e Benjamim, ao sul, permaneceram fiéis ao filho de Davi e ao Templo. As dez tribos do norte ficaram conhecidas como a «Casa de Israel», enquanto às duas tribos do sul deu-se o nome de «Casa de Judá» (Jr 31, 31). Esses dois reinos israelitas, no entanto, eram fracos demais para sobreviver separadamente por muito tempo. Ambos entraram em um longo período de declínio. Após cerca de duzentos anos, o reino do norte foi completamente dizimado pelos assírios, um enorme império estrangeiro que controlava a maior parte do território do Oriente Médio à época (cf. 2 Rs 17). A maior parte da população israelita (as dez tribos do norte) foi enviada para o exílio e, espalhou-se por diferentes lugares do mundo conhecido. E nunca mais se ouviu falar dela.

O reino do sul, de Judá, resistiu por cerca de 150 anos antes que os babilônios o exterminassem em 587 a.C., levando a maioria dos judeus como cativos para a Babilônia (cf. 2 Rs 25).

Profetas e perdas

O que, afinal, Deus andou fazendo com seu povo durante essas centenas de anos nos quais ambos os reinos israelitas estiveram padecendo à míngua? Bem, Ele lhes ia enviando os seus profetas.

Há muitos profetas na Bíblia. Geralmente pensamos nos quatro profetas maiores (Isaías, Jeremias, Ezequiel e Daniel) e nos doze menores (de Oseias a Malaquias). A maioria deles atuou no período em que os reinos estavam em declínio acentuado, embora alguns tenham agido durante o exílio (Ezequiel e Daniel) e outros tenham proclamado a palavra de Deus aos judeus que sobreviveram ao desterro e retornaram para Jerusalém (Ageu, Zacarias e Malaquias). Iremos nos concentrar nos três grandes profetas da tradição judaica: Isaías, Jeremias e Ezequiel. Cada um desses profetas, à sua maneira, é como aqueles homens das previsões climáticas que não veem nada além de tempestades e trevas no curto prazo, mas cujas «previsões estendidas» estão cheias de dias ensolarados e temperaturas agradáveis. A «tempestade» no curto prazo deve-se às maldições da Aliança Mosaica, as quais as pessoas estão sofrendo porque violaram seus compromissos pactuais (cf. Dt 28, 15-68). Os «dias ensolarados» por vir são a era em que Deus lhes dará uma Nova Aliança: sem as maldições mosaicas e com o retorno do Filho de Davi para restaurar o reino davídico.

A Nova Aliança em Isaías (Isaías 9, 1-7; 11, 1-6)

O maior e mais adorado dos livros proféticos, o de Isaías, às vezes é chamado de «o quinto evangelho» por causa de suas muitas profecias sobre o Messias e da frequência com que é citado no Novo Testamento.

Isaías profetizou durante o período que vai aproximadamente de 740 a.C. a 700 a.C. Ele cumpriu sua missão denunciando o reino de Judá por ter sido infiel à sua aliança com Deus. Encontramos palavras duras já praticamente no início de seu livro:

> Ai da nação pecadora, do povo carregado de crimes, da raça de malfeitores, dos filhos desnaturados! Abandonaram o Senhor, desprezaram o Santo de Israel e lhe voltaram as costas (Is 1,4).

Ele continua assim durante um bom tempo. No entanto, não são as palavras negativas de Isaías que queremos observar — desejamos nos concentrar na esperança que ele trazia para o futuro. As esperanças de Isaías giram em torno da volta de um Filho de Davi cheio de bondade e que reinará sobre o povo de Deus. Em Isaías 9, por exemplo, ele diz:

> Pois não há trevas onde há angústia? No passado ele humilhou a terra de Zabulon e de Neftali, mas no futuro cobrirá de honras o caminho do mar, a Além-Jordão e o distrito das nações. O povo que andava nas trevas viu uma grande luz; sobre aqueles que habitavam uma região tenebrosa resplandeceu uma luz. Vós suscitais um grande regozijo, provocais uma imensa alegria; rejubilam-se diante de vós como na alegria da colheita, como exultam na partilha dos despojos. Porque o jugo que pesava sobre ele, a coleira de seu ombro e a vara do feitor, vós os quebrastes, como no dia de Madiã. Porque

> todo calçado que se traz na batalha e todo manto manchado de sangue serão lançados ao fogo e se tornarão presa das chamas; porque um menino nos nasceu, um filho nos foi dado; a soberania repousa sobre seus ombros, e ele se chama: Conselheiro admirável, Deus forte, Pai eterno, Príncipe da paz. Seu império será grande e a paz sem fim sobre o trono de Davi e em seu reino. Ele o firmará e o manterá pelo direito e pela justiça, desde agora e para sempre (Is 8, 23; 9, 6).

Aqui, Isaías está dizendo que o povo do norte de Israel — as tribos de Zabulon e Naftali, pessoas que sofreram terrivelmente durante as invasões que destruíram os dois reinos — seriam os primeiros a ver o nascimento de um novo governante, um Filho de Davi que seria realmente divino («Deus forte, Pai eterno»). Apesar de terem passado por duras tempestades, um dia eles se deliciarão com o «brilho do sol», o herdeiro de Davi.

Alguns capítulos adiante, Isaías fala novamente sobre esse grande rei vindo da linhagem de Davi:

> Um renovo sairá do tronco de Jessé, e um rebento brotará de suas raízes. Sobre ele repousará o Espírito do Senhor, Espírito de sabedoria e de entendimento, Espírito de prudência e de coragem, Espírito de ciência e de temor do Senhor. Sua alegria se encontrará no temor do Senhor. Ele não julgará pelas aparências e não decidirá pelo que ouvir dizer; mas julgará os fracos com equidade, fará justiça aos pobres da terra, ferirá o homem impetuoso com uma sentença de sua boca, e com o sopro dos seus lábios fará morrer o ímpio. A justiça será como o cinto de seus rins, e a lealdade circundará seus flancos (Is 11, 1-5).

O que significa tudo isso? Bem, o «tronco de Jessé» é o que restou da família real, a família de Davi. Jessé era o pai de Davi. O «rebento» que surge é um novo Filho real. Ele é ungido com o Espírito do Senhor, que lhe dá todo tipo de sabedoria. Isso nos lembra Davi, que fora ungido com o Espírito de Deus. E também nos lembra Salomão, que tivera todo tipo de sabedoria. Portanto, este novo Filho real será igual ou maior que Davi e Salomão (cf. Mt 12, 42). Como governante, será especialmente gentil com os pobres e submissos.

Bem mais adiante, no mesmo livro de Isaías, o Senhor realmente se dirige a esse Filho real de Davi que está chegando:

> Eu, o Senhor, chamei-te realmente, eu te segurei pela mão, eu te formei e designei para ser a aliança com os povos, a luz das nações (Is 42, 6).

As palavras de Isaías são impressionantes porque uma pessoa não pode, de fato, *ser* uma aliança. Pode *fazer* uma aliança com outra, mas não *ser* uma aliança.

Mesmo assim, Isaías registra o que Deus disse ao seu Servo, que é provavelmente o Filho de Davi: «Eu te *designei para ser aliança* com os povos» (grifo meu). Podemos, portanto, dizer que Isaías prevê um futuro em que haverá uma Nova Aliança. Esta Nova Aliança será de alguma forma o próprio Servo especial de Deus, que é o mesmo Filho de Davi mencionado em Isaías 9 e 11.

Vejamos mais uma passagem de Isaías, um trecho impressionante que descreve como essa aliança funcionará e quem fará parte dela:

> Todos vós que estais sedentos, vinde à nascente das águas; vinde comer, vós que não tendes alimento. Vinde comprar trigo sem dinheiro, vinho e leite sem pagar! Por que despender vosso dinheiro naquilo que não alimenta, e o produto de vosso trabalho naquilo que não sacia? Se me ouvis, comereis excelentes manjares, uma suculenta comida fará vossas delícias. Prestai-me atenção, e vinde a mim; escutai, e vossa alma viverá: quero concluir convosco uma eterna aliança, outorgando-vos os favores prometidos a Davi (Is 55, 1-3).

É o próprio Deus falando nesses versículos, e Ele está falando com pessoas pobres, pessoas que têm sede e fome, que não têm dinheiro. Ele os está convidando para uma refeição, para um banquete onde poderão «comer excelentes manjares e se deliciar com uma comida suculenta». Aqui não há Vigilantes do Peso ou contagem de calorias! Se essas pobres pessoas se achegarem a ele e comerem o que lhes é oferecido, Ele lhes fará a promessa de uma aliança: «Quero concluir convosco uma eterna *aliança*, outorgando-vos os *favores prometidos a Davi*».

A palavra hebraica para «aliança» é *berith*. Em português, precisamos de três palavras — *amor firme* e *seguro* — para dizer o que em hebraico se consegue dizer com apenas uma: *hesed*. São necessárias três palavras em português para traduzir *hesed* porque simplesmente não temos essa palavra em nosso idioma. *Hesed* tem um significado muito especial. Refere-se ao *amor da aliança*, o tipo de amor que as pessoas envolvidas em uma aliança devem demonstrar umas às outras. Significa *amor, fidelidade, lealdade* e *confiabilidade* — tudo isso.

A «*berith* eterna» que Deus oferece aos pobres aqui equivale ao «meu *hesed* por Davi», ou «meu *amor de aliança* por Davi». Em outras palavras, a nova e eterna aliança será realmente a Aliança Davídica, mas agora inaugurada para acolher qualquer um que reconheça que é pobre e precisa de Deus. Qualquer pessoa pobre, faminta e sedenta que vier e comer a refeição oferecida por Deus entrará na Aliança Davídica. Hum... Acho que consigo prever onde tudo isso vai dar...

A Nova Aliança em Jeremias (Jeremias 30-33)

Jeremias (que viveu aproximadamente de 645 a.C. a 585 a.C.) tem a fama de ser um sujeito rabugento por não aceitar aquilo que há de errado no mundo. Pode ser que essa reputação seja injusta; afinal, ele só falou e profetizou acerca do que Deus lhe havia pedido. No entanto, a maior parte de seu livro se concentra nos fracassos do povo de Israel e Judá e nas consequências de sua decisão de se afastar do Senhor e adorar os ídolos dos deuses pagãos:

> Ó céus, pasmai, tremei de espanto e horror — oráculo do Senhor. Porque meu povo cometeu uma dupla perversidade: abandonou-me, a mim, fonte de água viva, para cavar cisternas, cisternas fendidas que não retêm a água (Jr 2, 12-13).
>
> Mas, qual a mulher que trai aquele que a ama, assim me traíste, casa de Israel — oráculo do Senhor (Jr 3, 20).
>
> A casa de Israel e a casa de Judá foram-me infiéis — oráculo do Senhor. Renegaram o Senhor e exclamaram: «Não há Deus! Nenhum mal nos advirá, não veremos a espada e a fome» (Jr 5, 11-12).

Por terem agido assim, o Senhor não mais os protegerá de seus inimigos. Em vez disso, enfrentarão sozinhos os babilônios, que estão indo invadir sua terra:

> Ó casa de Israel, vou lançar contra vós uma nação que vem de longe - oráculo do Senhor [...].
> Sua aljava é qual sepulcro escancarado, e seus homens todos são valentes; ela devorará tuas searas e teu pão [...], à ponta da espada conquistará as praças fortes nas quais depositas tua confiança (Jr 5, 15.17).

Esse é principal assunto do qual fala Jeremias durante todo o livro.

Há, no entanto, quatro capítulos nos quais ele está de bom humor: do 30 ao 33. Os estudiosos chamam esses capítulos de «Livro da Consolação», pois neles Jeremias oferece alguma esperança ao povo de Judá.

Queremos observar algumas coisas que Jeremias fala ali, a começar exatamente no meio do livro, onde está a mais famosa profecia de toda a sua trajetória:

> Dias virão — oráculo do Senhor — em que firmarei nova aliança com as casas de Israel e de Judá. Será diferente da que concluí com seus pais no dia em que pela mão os tomei para tirá-los do Egito, aliança que violaram embora eu fosse o esposo deles. Eis a aliança que, então, farei com a casa de Israel — oráculo do Senhor: Eu lhe incutirei a minha Lei; eu a gravarei em seu coração. Serei o seu Deus e Israel será o meu povo. Então, ninguém terá encargo de instruir seu próximo ou irmão, dizendo: «Aprende a conhecer o Senhor», porque todos me conhecerão, grandes e pequenos — oráculo do Senhor —, pois a todos perdoarei as faltas, sem guardar nenhuma lembrança de seus pecados (Jr 31, 31-34).

Esse é o único momento no Antigo Testamento em que a expressão «Nova Aliança» é usada literalmente. Quando Jesus diz: «Este cálice é a Nova Aliança em meu sangue» (Lc 22, 20), está estabelecendo uma conexão direta com esta profecia de Jeremias. Nós repetimos estas palavras a cada Missa. Uma vez que toda Missa é o cumprimento daquilo que Jeremias prometeu, vale a pena tentar entender o que Jeremias estava de fato prenunciando.

Jeremias contrapõe essa «Nova Aliança» à «aliança que fiz [...] quando os retirei do Egito». Trata-se obviamente da Aliança Mosaica. A Nova Aliança não será como a Mosaica, porque o povo de Israel a descumpria — não apenas com o bezerro de ouro, mas nas nove vezes durante a travessia do deserto. Como vimos, a Aliança Mosaica teve de ser refeita pelo menos duas vezes («segundo Sinai» e Deuteronômio), e no fim parecia uma colcha de retalhos que incluía até algumas leis ruins, permitidas apenas por causa da crueldade das pessoas. Era o que eles podiam suportar no momento.

Jeremias estava dizendo que no futuro Deus romperia com a antiga e remendada Aliança Mosaica e começaria tudo de novo por meio de uma Nova Aliança. Em quê essa Nova Aliança seria diferente da antiga?

A antiga aliança foi escrita em tábuas de pedra, primeiro por Deus e, depois do episódio do bezerro de ouro, por Moisés. A Nova Aliança, no entanto, seria «escrita em seu coração». O que quer que fosse, essa Nova Aliança não seria algo externo, mas aconteceria desde dentro. Significaria uma mudança interior para as pessoas que dela participassem. Essa mudança íntima as levaria ao conhecimento de Deus — «todos me conhecerão» — e ao perdão de seus pecados. Em outra parte do Livro da Consolação, Jeremias deixa claro que a Aliança com Davi será um dia restaurada:

> Eis que outros dias virão em que cumprirei as promessas que fiz à casa de Israel e à Casa de Judá. E nesses dias e nesses tempos farei nascer de Davi um rebento justo que exercerá o direito e a equidade na terra (Jr 33, 14-15).
>
> Nestes termos foi a palavra do Senhor dirigida a Jeremias: «Eis o que disse o Senhor: Se puderdes romper o meu pacto com o dia e a noite, de sorte que dia e noite não surjam no devido tempo, então poderá ser rompido o pacto que fiz com Davi, meu servo, e não terá ele filho que lhe ocupe o trono» (Jr 33, 19-21).

Podemos, assim, notar um contraste. A Nova Aliança não será como a Mosaica, que fora rompida. Por sua vez, a Aliança Davídica é tão inalterável quanto os ciclos da natureza. Acontece que, de alguma maneira, a Nova Aliança envolverá a restauração da Aliança Davídica.

A Nova Aliança em Ezequiel (Ezequiel 34, 36, 37)

O último dos três grandes profetas da tradição judaica, Ezequiel, às vezes lembra um desses locutores melodramáticos cujos comentários provocadores ultrapassam os limites aceitáveis para as ondas do rádio. As imagens visuais que descreve são impressionantes e esquisitas (cf. Ez 1, 10), e alguns capítulos de seu livro não devem ser lidos por menores de dezoito anos (cf. Ez 16, 23). Por essas e outras razões, os rabinos quase não permitiram que seu livro entrasse na Bíblia judaica (e, mesmo quando o fizeram, colocaram restrições quanto a quem poderia ter acesso a ele!).

Ezequiel exerceu a profecia por volta de 590 a 570 a.C., na mesma época de Jeremias, embora fosse um pouco mais jovem do que o seu colega. Jeremias tem a reputação de ser um profeta lamurioso, mas, na maior parte de seu livro, Ezequiel também não é lá muito otimista:

> E dirás a toda a casa de Israel: oráculo do Senhor Javé. Trata-se de Jerusalém, que eu tinha situado em meio às nações, tendo em derredor os povos pagãos. Ela porém se rebelou contra as minhas leis, com mais perversidade que as outras nações, e contra as minhas ordens com maior [violência] que os países vizinhos, pois rejeitaram os meus decretos e não seguiram as minhas prescrições. Portanto, oráculo do Senhor Javé [...], irei apoderar-me de ti à vista das nações; darei livre curso à minha cólera, saciarei o meu furor contra eles e me vingarei. E cairão na conta, quando eu tiver saciado o meu furor contra eles, de que foi por zelo e afeição que o falei, eu, o Senhor (Ez 5, 5-8.13).

No entanto, como Jeremias, Ezequiel tem uma espécie de «Livro da Consolação» nos capítulos 34 a 37, em que fala sobre as coisas boas que virão depois do julgamento de Israel e Judá por romperem com a antiga aliança. Além disso, o Livro de Ezequiel termina com uma descrição de nove capítulos da configuração do novo Templo e da nova Jerusalém nos tempos finais, quando Deus for restaurar a sorte de seu povo (cf. Ez 40-48).

À luz de nossos objetivos, vamos nos dedicar aos capítulos 34-37 de Ezequiel a fim de encontrar neles profecias acerca da «Nova Aliança» que sejam muito semelhantes às de Jeremias.

Em Ezequiel 34, o profeta compara Israel a um rebanho de ovelhas. Em um tempo vindouro, Deus promete proteger suas ovelhas de seus inimigos:

> Eu irei em socorro de minhas ovelhas para poupá-las de serem atiradas à pilhagem; e julgarei entre ovelha e ovelha. Para pastoreá las suscitarei um só pastor, mcu scrvo Davi. Será ele quem as conduzirá à pastagem e lhes servirá de pastor. Eu, o Senhor, serei seu Deus, enquanto o meu servo Davi será um príncipe no meio delas. Sou eu, o Senhor, que o declaro (Ez 34, 22-24).

Assim como Jeremias, Ezequiel profetiza que «Davi» — o rei davídico, descendente de Davi — será recolocado no trono de Israel. Isso envolveria uma restauração da Aliança Davídica.

Ezequiel continua a profecia:

> Eu concluirei com elas uma *aliança de paz*; suprimirei as feras de sua terra, de sorte que possam habitar o deserto com segurança e dormir nos bosques. Farei deles e das imediações de minha colina uma bênção; farei cair chuva em tempo oportuno: serão chuvas de bênção (Ez 34, 25-26; grifo meu).

O que Jeremias chama de «Nova Aliança», Ezequiel denomina «Aliança de Paz». O nome «aliança de paz» (*shalom*) recorda a aliança pacífica que existia entre Deus, os homens e a criação no Éden. Podemos ver as imagens do Éden na citação acima. Nesta nova «Aliança de Paz», as feras perigosas não mais existirão e as pessoas poderão dormir nas florestas. Chuvas suaves cairão, tornando os campos férteis. Em suma, tudo será como no Éden.

Ezequiel continua a descrever a situação dos últimos dias nos versículos do capítulo 36:

> Eu vos retirarei do meio das nações, eu vos reunirei de todos os lugares e vos conduzirei ao vosso solo. Derramarei sobre vós águas puras, que vos purificarão de todas as vossas imundícies e de todas as vossas abominações. Eu vos darei um coração novo e em vós porei

um espírito novo; tirarei do vosso peito o coração de pedra e vos darei um coração de carne. Dentro de vós colocarei meu espírito, fazendo com que obedeçais às minhas leis e sigais e observeis os meus preceitos (Ez 36, 24-27).

Nestas linhas há muito em comum com a descrição que Jeremias faz da «Nova Aliança». Jeremias falou de Deus inscrevendo a Nova Aliança no coração; Ezequiel usa imagem semelhante, falando de Deus dando a Israel um «coração novo e um novo espírito», para que assim possa seguir a lei de Deus. A este dom do «espírito novo» seguir-se-á um «derramamento de águas limpas» que purificará o povo de Deus de seus pecados.

À medida que avançamos para o próximo capítulo, descobrimos que a ressurreição também fará parte do novo cenário final:

> Por isso, dirige-lhes o seguinte oráculo; eis o que diz o Senhor Javé: Ó meu povo, vou abrir os vossos túmulos; eu vos farei sair deles para vos transportar à terra de Israel. Sabereis, então, que eu é que sou o Senhor, ó meu povo, quando eu abrir os vossos túmulos e vos fizer sair deles, quando eu colocar em vós o meu espírito para vos fazer voltar à vida (Ez 37, 12-14).

Aqui, novamente, vemos Deus prometer que vai colocar seu Espírito em seu povo. Por fim, Ezequiel resume toda a situação da «Aliança de Paz»:

> Meu servo Davi será o seu rei; não terão todos senão um só pastor; obedecerão aos meus mandamentos, observarão as minhas leis [...]. Concluirei com eles uma *aliança de paz*, um tratado eterno. Eu os plantarei e os multiplicarei. Estabelecerei para sempre o meu santuário entre eles. Minha residência será no meio deles. Eu serei o seu Deus, e eles serão o meu povo (Ez 37, 24-27; grifo meu).

Novamente é feita a promessa do retorno do rei davídico, demonstrando que a aliança será restaurada. Então Ezequiel acrescenta o nome de «aliança eterna» ao pacto de paz. Na Missa, a Igreja combina a expressão de Jeremias, «Nova Aliança», com a expressão de Ezequiel, «Eterna Aliança», dizendo: «a Nova e Eterna Aliança». Ezequiel também menciona algo muito importante sobre essa nova e eterna aliança: envolverá o próprio Deus, que estabelecerá seu santuário no meio de seu povo — em outras palavras, um novo templo que substituirá o antigo, destruído pelos babilônios. A promessa de um novo templo também pode ser encontrada em Isaías e Jeremias, embora não tenhamos tempo para olhar para essas profecias agora. O novo templo é muito importante para Ezequiel, que era sacerdote e passava muito tempo no antigo. Na verdade, como mencionei acima, os últimos nove capítulos de seu livro constituem, em grande parte, uma descrição desse templo novo.

Para recapitular, os grandes profetas criticaram o povo por quebrar a Antiga Aliança, mas também o confortaram com a promessa de uma Nova Aliança. Esta Nova Aliança seria concedida em um novo ou renovado Monte Sião. Coloquemos então nosso profeta na nova Sião. O «Sião» é desenhado com linhas pontilhadas porque se trata de uma realidade futura. A «nova Sião» ou «nova Jerusalém» é esperada, mas ainda não chegou:

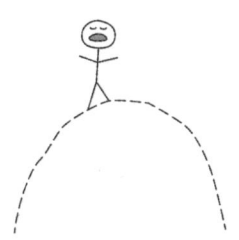

Como vimos, essa Nova Aliança anunciada pelos profetas inclui a restauração e transformação da Aliança Davídica. O rei davídico retornará, e por isso vamos desenhá-lo também com linhas pontilhadas:

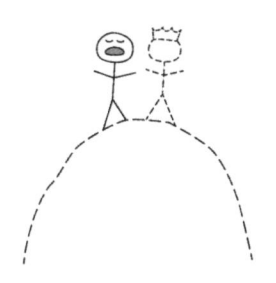

E, como Ezequiel faz questão de enfatizar, também teremos um novo templo:

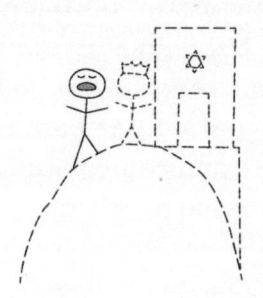

Ei-lo. Esse é o ícone da Nova Aliança nos profetas. E este é o ponto em que já chegamos na história da salvação:

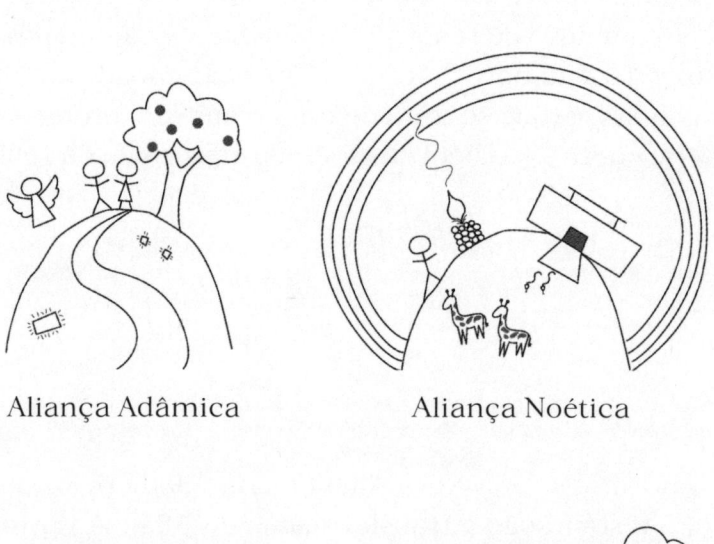

Aliança Adâmica

Aliança Noética

Aliança Abraâmica

Aliança Mosaica

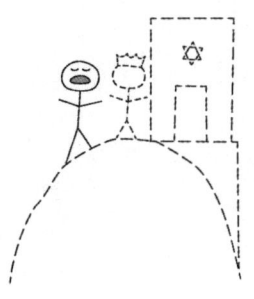

Da tempestade à bonança: a Nova Aliança nos profetas

Aliança Davídica   Nova Aliança

CAPÍTULO 7

O *grand finale*: A Aliança Eucarística

Leitura sugerida: Lucas 22–24; Atos 1–2

Ezequiel, o último dos três grandes profetas da tradição judaica, profetizou até por volta de 570 a.C., ou seja, cerca de 570 anos antes de Jesus aparecer na história. O que andou acontecendo nesse meio-tempo?

O profeta Daniel era apenas um pouco mais novo que Ezequiel e profetizou pouco depois dele. Aproximadamente trinta anos após a morte de Ezequiel, Daniel recebeu uma visão de Deus esclarecendo que levaria cerca de quinhentos anos («setenta semanas de anos») para que todas as profecias contidas nela se cumprissem (cf. Dn 9, 24-27). E assim ocorreu.

É claro que muita coisa se deu nesse intervalo. Em 539 a.C., época em que Daniel teve sua visão, os persas conquistaram os babilônios e dominaram o Oriente Médio. Os persas eram mais gentis que os babilônios e deixaram todos os povos cativos voltarem para casa, inclusive os judeus. Isso é o que chamamos de «retorno do exílio».

Liderados pelo príncipe Zorobabel, o profeta Esdras, o aristocrata Neemias e muitos outros profetas e nobres, os judeus voltaram da Babilônia em várias ondas no final dos anos 500 e início dos anos 400. Em 515 a.C., construíram outro templo no local do antigo, mas parecia um barraco bem deprimente se comparado ao magnífico edifício erguido por Salomão. De todo modo, pelo menos eles voltavam a ter um lugar em que adorar a Deus.

O retorno do exílio foi uma grande confusão. O lado bom é que os judeus tinham grande parte de suas terras de volta e um templo em que adorar a Deus. Por outro lado, não tinham um rei davídico no trono, o novo local de culto era uma verdadeira decepção e não havia nem sinal da Nova Aliança e do glorioso Novo Templo que os profetas haviam prometido. Na verdade, os judeus sequer podiam governar a si mesmos. No início, estiveram sob o poder dos persas; e, depois que Alexandre, o Grande, varreu o Oriente Médio, na década de 330, foram governados por ele e seus sucessores de língua grega (cf. 1 Mac 1, 1-8).

No entanto, dois acontecimentos deram origem a falsas esperanças a respeito das previsões dos grandes profetas.

Na década de 160 a.C., um dos sucessores de Alexandre, o rei Antíoco IV, que fez da Síria a sua capital, adotou uma linha dura contra os judeus e tentou dissuadi-los de sua religião. Os judeus se revoltaram sob a liderança de uma família de levitas conhecida como os macabeus (também chamados hasmoneus). Os macabeus travaram uma guerrilha contra os exércitos de Antíoco e acabaram por expulsá-los de Israel (cf. 1 Mac). Nos cem anos seguintes, os macabeus governaram como reis e expandiram o reino de Israel quase até os limites que tivera sob o governo de Davi e Salomão.

Tudo parecia ir muito bem para os judeus. Tinham seu reino e a maior parte de suas terras de volta. O templo estava funcionando. Tinham voltado a ser prósperos. Havia apenas um problema: seus reis não vinham da genealogia correta. Eram levitas, e não filhos de Davi. Não deveriam estar governando. Não havia como cumprirem as profecias. Seu poder cessou em 63 a.C., quando os romanos tomaram Jerusalém e dividiram a terra de Israel em várias províncias.

O grand finale: A Aliança Eucarística

Pouco depois, as esperanças dos judeus renasceram mais uma vez. Quando a dinastia dos macabeus estava em declínio e perdendo o controle sobre a terra de Israel, um certo Herodes, nobre do sul, foi até Roma e acabou nomeado rei de Israel pelos romanos. Com a ajuda do exército romano, ganhou o controle dos judeus sem muita dificuldade e reinou com bastante sucesso por cerca de trinta anos (cerca de 37 a.C.-4 a.C.). Mais uma vez, ele estendeu as fronteiras de Israel até que chegasse quase ao tamanho que o reino tivera na época de Davi e Salomão. Além disso, começou a reconstruir o templo em grande escala — um templo ainda mais impressionante do que o antigo templo de Salomão.

As coisas novamente pareciam estar indo bem para a nação judaica. Ao menos ela tinha seu reino de volta. Estava construindo um novo templo e era muito próspera. Havia apenas um problema: Herodes também não era da genealogia correta. Como os macabeus, não era filho de Davi. Sequer era um verdadeiro judeu, pois descendia de Esaú, o irmão gêmeo *peludo* de Jacó (cf. Gn 25, 25). Não havia como Herodes ou seus sucessores serem eles mesmos o cumprimento de todas as profecias. Seu governo terminou efetivamente em 66 d.C., e o último representante da dinastia dos Herodes morreu em 92 d.C.

Vemos assim que, entre o último dos profetas e o nascimento de Jesus, houve alguns pontos altos da história judaica, nos quais todos os sinais eram favoráveis e parecia que as profecias seriam cumpridas em breve. Em cada caso, no entanto, havia um obstáculo inconveniente: a família que governava pertencia à linhagem errada. Para que as profecias se cumprissem, eles precisavam de um descendente de Davi que pudesse restaurar a Aliança Davídica. Agora talvez possamos entender melhor por que o Novo Testamento começa com estas palavras: «Livro da genealogia de Jesus Cristo, *filho de Davi*, filho de Abraão» (grifo meu). Para a maioria dos brasileiros modernos, esse assunto de genealogia não faz muito sentido, mas, se você fosse um judeu na antiguidade e estivesse esperando há centenas de anos por um homem de certa linhagem, ela era imprescindível!

Jesus e as Alianças

Vejamos mais de perto como São Mateus opta por iniciar sua biografia de Jesus, a qual chamamos de «O Evangelho segundo Mateus»:

> Genealogia de Jesus Cristo, filho de Davi, filho de Abraão (Mt 1, 1).

Note que Mateus não chama Jesus de «*um* filho de Davi» ou «*um* filho de Abraão». Havia por ali muitos filhos de Abraão — todo judeu era filho de Abraão. Havia ali também outros descendentes de Davi (alguns deles são mencionados pelos historiadores antigos).

Mas Jesus não era um descendente *qualquer* de Davi e Abraão. Ele era *o* filho de Davi, *o* filho de Abraão. Em outras palavras, era *o filho prometido* de Davi e Abraão, *o* filho que cumpriria todas as promessas dessas duas grandes alianças. Ao chamar Jesus de «*o* filho de Davi, *o* filho de Abraão», Mateus está falando do cumprimento da aliança. Embora neste versículo o evangelista mencione apenas Davi e Abraão, na verdade Jesus cumpre todas as expectativas associadas a cada uma das grandes alianças que vimos no Antigo Testamento. Examinemos cada uma dessas alianças e vejamos como Jesus cumpre suas expectativas.

Jesus e a Aliança Adâmica

Adão era o pai da raça humana que teve um papel quíntuplo como filho de Deus, rei, sacerdote, profeta e noivo. Jesus é o «pai» de uma nova raça de homens; e, se lermos cuidadosamente os Evangelhos, veremos repetidos sinais de que Jesus também cumpre em si todos os cinco papéis adâmicos.

Desde o início do Evangelho de Mateus, está claro que Jesus é o Filho de Deus. Embora seja o filho legítimo de São José (cf. Mt 1, 1-16), Ele é o verdadeiro Filho de Deus pelo poder do Espírito Santo. Esse é o sentido do nascimento virginal (cf. Mt 1, 18-25). Deus Pai confirma a filiação de Jesus também no batismo, quando fala por meio de uma voz vinda do céu: «Eis meu Filho muito amado em quem ponho minha afeição» (cf. Mt 3, 17).

(Tenho certeza de que o Senhor nos perdoará por esses bonecos de palito; afinal, Ele também usou exemplos humildes em seus ensinamentos!)

Na Transfiguração de Jesus (cf. Mt 17, 5), Deus Pai repete quase as mesmas palavras. Por causa de sua filiação especial, Jesus chama Deus de seu Pai, sobretudo quando ora (cf. Mt 6, 9; 11, 25-27). Ele até chama Deus de seu «Abba» (Mc 14, 6), palavra usada pelas crianças judias para designar «pai»: trata-se de um nome que denota intimidade, talvez bem próximo ao nosso «papai».

Fica bem claro que Jesus é o Rei, o Filho de Davi. Tanto Mateus quanto Lucas fornecem uma genealogia de Jesus que remonta a Davi (cf. Mt 1, 1-17; Lc 3, 23-38). O anjo Gabriel diz à Bem-aventurada Virgem Maria antes de seu nascimento: «O Senhor

Deus lhe dará o trono de seu pai Davi; e reinará eternamente na casa de Jacó» (Lc 1, 32-33). Durante sua vida, muitas pessoas reconheceram sua realeza, chamando-o de «Filho de Davi», sobretudo depois que Ele fez milagres, como os exorcismos (cf. Mt 12, 23; 15, 22). Perto do momento de sua Paixão e Morte, Jesus entrou em Jerusalém montado em um jumento, imitando intencionalmente o grande Salomão na Antiguidade (cf. Mt 21, 2-7; ver 1 Rs 1, 38-40). Ironicamente, até o governador romano Pilatos reconhece oficialmente Jesus como «Rei dos Judeus» e inscreve esse título na tábua colocada no alto da Cruz (Jo 19, 19-22).

A função sacerdotal de Jesus é mais difícil de se ver, mas também está lá. Por exemplo, quando os fariseus desafiam Jesus por violar as regras do sábado sobre o descanso, Ele diz: «Não lestes na Lei que, nos dias de sábado, os sacerdotes transgridem no templo o descanso do sábado e não se tornam culpados?» (Mt 12, 5). Jesus demonstra que os sacerdotes podem trabalhar nos dias santos; na verdade, eles precisam fazê-lo. Isso significa que o próprio Jesus é sacerdote e tem direitos sacerdotais. Mais tarde, em sua crucificação, o apóstolo João menciona que a túnica de Jesus era «toda tecida de alto a baixo, não tinha costura» (Jo 19, 23). Qual é o sentido desse detalhe aparentemente insignificante? Por que mencioná-lo? Nos tempos antigos, o manto do Sumo Sacerdote era tecido sem costuras. As vestes de Jesus eram sinal de seu papel sacerdotal. A Epístola aos Hebreus discute esse papel com grande profundidade — de fato, pode-se afirmar que é o tema principal da carta (cf. Hb 4, 14-5,10; 7, 1-10, 18).

Ninguém duvida de que Jesus também era profeta. Quando Ele pergunta a seus discípulos: «Quem as pessoas dizem que eu sou?», esses discípulos fornecem uma lista com nomes de profetas vários: «Uns dizem que é João Batista; outros, Elias; outros, Jeremias ou um dos profetas» (Mt 16, 13-15). Jesus chama a si mesmo assim. Quando é desprezado pelo povo em sua cidade natal, diz: «Um profeta não fica sem honra senão em sua própria terra e em sua própria casa» (Mt 13, 57). Quando Jesus finalmente entra em Jerusalém no Domingo de Ramos, a multidão anuncia: «É Jesus, o profeta de Nazaré da Galileia» (Mt 21, 11).

Por fim, Jesus era e é o Noivo. Quando questionado acerca dEle, João Batista explicou:

> Vós mesmos me sois testemunhas de que disse: Eu não sou o Cristo, mas fui enviado diante dele. Aquele que tem a esposa é o esposo. O amigo do esposo, porém, que está presente e o ouve, regozija-se sobremodo com a voz do esposo. Nisso consiste a minha alegria, que agora se completa. Importa que ele cresça e que eu diminua (Jo 3, 28-30).

O próprio Jesus sugere que é o «noivo» quando conta parábolas do Reino baseadas em imagens de casamento: «O Reino dos Céus é comparado a um rei que celebrava as bodas de seu filho» (Mt 22, 2); ou: «Então, o Reino dos Céus será semelhante a dez virgens que saíram com suas lâmpadas ao encontro do esposo» (Mt 25, 1). Jesus é o Novo Esposo, que se oferece em casamento a toda a humanidade. Ser «casado» com Cristo é tornar-se parte da Igreja, sua noiva.

Filho de Deus, rei, sacerdote, profeta e noivo: Jesus cumpre todos os papéis de Adão. Com Jesus, iniciamos um novo capítulo na história da humanidade. Na verdade, esse é mais do que um novo capítulo: é um começo totalmente inédito, uma nova criação. Por isso diz São Paulo: «Todo aquele que está em Cristo é uma nova criatura!» (2 Cor 5, 17). Da mesma forma, São João começa seu Evangelho com as palavras: «No princípio era o Verbo», as quais são uma paráfrase da sentença que abre o Gênesis: «No princípio, Deus criou». A questão para São João é que Jesus marca um ponto de virada tão radical na história humana que é como se o mundo inteiro tivesse começado de novo. Na verdade, São Mateus faz quase exatamente a mesma coisa no primeiro versículo do Novo Testamento, embora a questão seja colocada de maneira mais velada: «Livro da genealogia de Jesus Cristo». A frase «Livro da genealogia de» ocorre apenas em outro versículo da Bíblia, em Gênesis 5, 1: «Este é o livro da genealogia de Adão». São Mateus está sugerindo a mesma coisa que São João: Jesus é como um novo Adão e o Evangelho, um novo começo e um novo Gênesis.

Agora que estabelecemos a base do relacionamento de Jesus com a Aliança Adâmica, podemos avançar com mais agilidade pelas alianças restantes.

A Aliança Noética

Não há muito a dizer sobre este ponto, pois os autores dos Evangelhos não dedicam muito tempo à relação entre Jesus e Noé. Mas o próprio Noé era sobretudo um novo Adão, um segundo pai para toda a raça humana. Por conseguinte, todas as características adâmicas de Jesus também servem para conectá-lo a Noé, que foi um segundo Adão.

A Aliança Abraâmica

São Mateus começa seu Evangelho chamando Jesus de «o Filho de Davi, o Filho de Abraão», o que assinala a importância dessas duas alianças, a davídica e a abraâmica, para a compreensão que ele tinha de Jesus.

O herdeiro de Abraão e único filho de sua primeira e legítima esposa foi Isaac. Chamar Jesus de «*o* Filho de Abraão» estabelece uma comparação entre Jesus e Isaac, portanto. A semelhança entre os dois é forte, sobretudo quando pensamos no acontecimento mais importante da vida de Abraão e Isaac: o quase sacrifício no Monte Moriá. Já falamos sobre como isso foi uma «réplica» do Calvário: o filho único carrega a lenha de seu próprio sacrifício até a montanha, onde é colocado sobre a lenha e oferecido a Deus por amor ao seu pai. Já tratamos também de como a aliança com Abraão é finalizada por Deus após o sacrifício de Isaac:

> Pela segunda vez chamou o anjo do Senhor a Abraão, do céu, e disse-lhe: «Juro por mim mesmo, diz o Senhor: pois que fizeste isto, e não me recusaste teu filho, teu filho único, eu te abençoarei... e *por tua descendência todas as nações serão abençoadas*, porque obedeceste à minha voz» (Gn 22, 15-18; grifo meu).

Como já mencionei, a palavra «posteridade», traduzida também como «semente», «linhagem», pode ser singular ou plural. Jesus é a «semente de Abraão» através da qual a bênção virá para todas as nações da terra. Somente nele pode se cumprir integralmente a promessa da aliança com Abraão.

A Aliança Mosaica

Como vimos, a Aliança Mosaica foi bastante avariada durante as andanças pelo deserto — houve pelo menos nove rebeliões diferentes —, de modo que ao final do Deuteronômio ela está como um Ford sedã surrado, soprando uma fumaça cinzenta pelo cano de descarga e com um pneu pendurado por uma única porca.

Jesus surge então como o grande mecânico.

Uma das últimas promessas feitas por Moisés foi a de que um grande profeta como ele viria um dia: «O Senhor, teu Deus, te suscitará dentre os teus irmãos um profeta como eu: é a ele que devereis ouvir» (Dt 18, 15). Agora, este «como eu» pode significar «semelhante a mim» ou «igual a mim». Em certo sentido, as palavras de Moisés se aplicavam a todos os profetas porque, de diversas maneiras, todos os profetas eram «semelhantes a» Moisés. No entanto, nenhum dos profetas posteriores foi igual a Moisés. As últimas palavras do Deuteronômio salientam: «Não se levantou mais em Israel profeta comparável a Moisés, com quem o Senhor conversava face a face» (Dt 34, 10).

O Evangelho de João, no entanto, afirma que Jesus não é apenas igual, mas também superior a Moisés. Veja só este versículo que abre o Evangelho de João:

> Pois a Lei foi dada por Moisés, a graça e a verdade vieram por Jesus Cristo. Ninguém jamais viu Deus. O Filho único, que está no seio do Pai, foi quem o revelou (Jo 1, 17-18).

Vamos trabalhar este trecho de João 1, 17-18, frase por frase: «Pois lei foi dada por Moisés».

A lei. Legal.

Perfeito! Merece uma salva de palmas!

«A graça e a verdade vieram por meio de Jesus Cristo!»:

Graça + verdade
Olê, olê, olê, olá!

Sim! Olê, olê, olê, olá!

«Ninguém jamais viu a Deus.» Esta é uma observação sobre Moisés que não é tão sutil; lembra-nos de que, embora ele tenha sido o maior profeta de todos os tempos, ele só vira a Deus pelas costas (cf. Ex 33, 18-23).

«O Filho único, que está no seio do Pai, foi quem o revelou.» Jesus não só viu a Deus, mas nos *revela* Deus. Quando olha para Jesus, você contempla a face divina. Como Jesus disse a Filipe na Última Ceia: «Quem me vê, vê o Pai» (Jo 14, 9).

Jesus vem como um profeta que se *iguala* a Moisés e, ao mesmo tempo, o supera. Ele é maior do que o próprio Moisés.

Como Moisés, Jesus sobe ao topo de uma montanha para ensinar às pessoas a lei de Deus (cf. Mt 5-7). Mas Jesus vai além e até corrige os defeitos que Moisés havia permitido na interpretação da Lei. Por exemplo, Moisés permitira o divórcio por causa da «dureza de coração» dos israelitas (cf. Dt 24, 1; Mt 19, 8); Jesus restaura o plano original da indissolubilidade para o casamento (cf. 5, 31-32). Moisés permitira — e, em certo sentido, até ordenara — o ódio aos inimigos (cf. Dt 20, 16-18); Jesus corrige isso com o mandamento universal de amor (cf. Mt 5, 44-45).

Êxodo 20
O aterrorizante Monte Sinai
A Antiga Lei da Antiga Aliança

Mateus 5-7
O tranquilo Monte das Bem-aventuranças
A Nova Lei da Nova Aliança

Como Moisés, Jesus dá ao povo um pão sobrenatural, o «pão do céu» (Ex 16, 1-36; Jo 6, 1-14). Quando as pessoas testemunham Jesus multiplicando os pães, dizem: «Este é verdadeiramente *o profeta* que há de vir ao mundo» (Jo 6, 14; grifo meu). O que querem dizer com «o profeta» é: «o profeta como Moisés», tal qual no Deuteronômio 18, 15. No entanto, ao contrário do maná no deserto, o pão de Jesus traz a vida eterna (cf. Jo 6, 51-58).

Como Moisés, Jesus estabelece uma Páscoa para o povo de Deus (cf. Ex 12-13; Lc 22, 7-30). Mas o sacrifício da Páscoa de Moisés era apenas o sacrifício de uma ovelha, e o sangue dos animais não era capaz de apagar o pecado (cf. Sl 50, 13; Hb 10, 4). O sacrifício da Páscoa de Jesus é Ele mesmo, e seu sangue nos lava permanentemente do pecado (cf. Jo 1, 29; Hb 9, 12; Ap 7, 14).

Poderíamos escrever um livro inteiro de comparações entre Moisés e Jesus — e, de fato, vários já foram escritos. Podemos, no entanto, resumir desta forma: Moisés foi substituído por *Y'shua* (também conhecido como Josué), que fez o que Moisés não conseguira cumprir: conduzir o povo até a Terra Prometida. Agora, no Novo Testamento, vem outro *Y'shua* (também conhecido como Jesus), que faz o que Moisés e sua aliança não puderam levar a cabo: conduzir o povo de Deus à Terra Prometida do Céu.

A Aliança Davídica

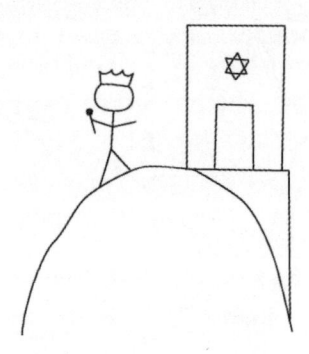

No desenho acima, ao estudar o papel real de Jesus como parte do cumprimento do papel quíntuplo de Adão, já observamos muitas das maneiras pelas quais os Evangelhos apontam para Jesus como o Filho de Davi que cumpre a Aliança Davídica. A declaração principal da Aliança Davídica no Antigo Testamento está em 2 Samuel 7. Citemos mais um vez o trecho que contém a essência desta aliança:

> Quando chegar o fim de teus dias e repousares com os teus pais, então suscitarei depois de ti a tua posteridade, aquele que sairá de tuas entranhas, e firmarei o seu reino. Ele me construirá um templo e firmarei para sempre o seu trono real. Eu serei para ele um pai e ele será para mim um filho [...]. Tua casa e teu reino estão estabelecidos para sempre diante de mim, e o teu trono está firme para sempre (2 Sm 7, 12-16).

As promessas básicas desta aliança podem ser listadas da seguinte maneira: (1) Davi terá um filho, seu herdeiro; (2) esse filho construirá o Templo de Deus; (3) esse filho também será o Filho de Deus, e (4) esse filho governará sobre o reino de Davi para sempre. Salomão, é claro, foi o início do cumprimento dessas promessas. Ele era o próprio filho e herdeiro de Davi, construiu um templo de pedra para Deus, foi adotado como filho de Deus de acordo com a aliança e governou por um longo período. Este seria um cumprimento imediato, mas não perfeito, das promessas da aliança.

Quando Jesus aparece nos Evangelhos, começamos a perceber que «aqui está quem é mais do que Salomão» (Mt 12, 42). As duas genealogias de Jesus (em Mateus 1 e Lucas 3) destacam-nO como o verdadeiro filho de Davi. Um modo tradicional de entender as duas genealogias consiste em perceber que uma mostra a *linhagem legal* e a outra a *linhagem biológica* de Jesus. Ele não é apenas um verdadeiro filho biológico de Davi (por meio de Maria), mas também aquele que tem o direito de reivindicar o trono: é *filho* e *herdeiro*. Ao mesmo tempo, tanto Mateus quanto Lucas insistem em que a concepção de Cristo foi obra do Espírito Santo; portanto, Jesus é o verdadeiro Filho de Deus, e não apenas por adoção. Como dizia a aliança com Davi: «Eu serei para ele um pai e ele será para mim um filho» (2 Sm 7, 14).

Salomão construiu uma casa feita de pedra para a adoração a Deus. Mas aquele templo foi demolido e não existe mais. Além disso, Deus não vive mesmo em edifícios de pedra. Portanto, faz-se necessário um templo superior. Quando Jesus expulsa os cambistas do Templo de Herodes no Evangelho de João, os judeus ficam ofendidos:

> Perguntaram-lhe os judeus: «Que sinal nos apresentas tu, para procederes deste modo?». Respondeu-lhes Jesus: «Destruí vós este templo, e eu o reerguerei em três dias». Os judeus replicaram: «Em quarenta e seis anos foi edificado este templo, e tu hás de levantá-lo em três dias?». *Mas ele falava do templo do seu corpo* (Jo 2, 18-21; grifo meu).

Jesus nos dá um templo melhor que o de Salomão: um templo vivo, o templo do seu corpo. Dado que um templo é onde Deus habita, isso significa, antes de tudo, que a presença de Deus habita o próprio corpo de Jesus. No entanto, como Jesus nos dá o seu corpo para comer na Eucaristia, e como todos sabemos que «você é o que você come», nós também nos tornamos templo divino. Assim, a Igreja também é um templo. Esse templo não pode ser derrubado e jamais desaparecerá. É tão superior ao antigo quanto um ser humano é superior à pedra sem vida.

Mesmo quando tentaram destruir o novo templo — o corpo de Jesus —, Deus não permitiu que isso acontecesse. Ele «ergueu» Jesus da sepultura — e os Padres da Igreja viram nisso o cumprimento da promessa de Davi de que Deus iria «erguer» um descendente de David depois dele (cf. 2 Sm 7, 12). Uma vez ressuscitado, Jesus ascendeu à direita de Deus, onde governa o reino literalmente *para sempre*. Salomão governou por muito tempo, mas muito tempo não é para sempre. Somente Jesus cumpre à letra o que foi prometido a Davi: «Estabelecerei o trono do seu reino *para sempre*». A profecia de Jeremias também é cumprida:«Porque diz o Senhor: "Não faltará jamais a Davi um sucessor para ocupar o trono da casa de Israel"» (Jr 33, 17).

A Nova Aliança prometida pelos profetas

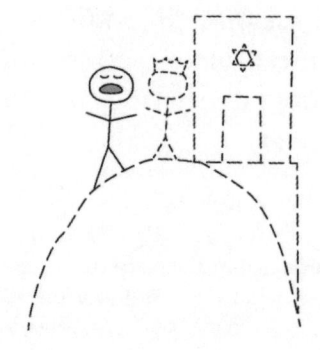

Como vimos, a promessa da Nova Aliança envolvia o cumprimento da Aliança Davídica como parte de sua realização plena. Mas a Nova Aliança compreendia muito mais do que isso. Isaías previu que o servo especial de Deus realmente se tornaria uma aliança; Jeremias falou da lei que era escrita no coração das pessoas; e Ezequiel predisse que um novo Espírito seria derramado sobre o povo de Deus.

Passemos os olhos pela passagem mais importante para entendermos de que modo Jesus inaugurou a Nova Aliança. Trata-se de um trecho de Lucas conhecido como a «Narrativa da Instituição», uma vez que narra a *instituição* (ou *estabelecimento*) da Eucaristia:

> Raiou o dia dos pães sem fermento, em que se devia imolar a Páscoa. Jesus enviou Pedro e João, dizendo: «Ide e preparai-nos a ceia da Páscoa» [...]. Chegada que foi a hora, Jesus pôs-se à mesa, e com ele os apóstolos. Disse-lhes: «Tenho desejado ardentemente comer convosco esta Páscoa, antes de sofrer. Pois vos digo: não tornarei a comê-la, até que ela se cumpra no Reino de Deus». Pegando o cálice, deu graças e disse: «Tomai este cálice e distribuí-o entre vós. Pois vos digo: já não tornarei a beber do fruto da videira, até que venha o Reino de Deus». Tomou em seguida o pão e, depois de ter dado graças, partiu-o e deu-lho, dizendo: «Isto é o meu corpo, que é dado por vós; fazei isto em memória de mim». Do mesmo modo tomou também o cálice, depois de cear, dizendo: «Este cálice é a Nova Aliança em meu sangue, que é derramado por vós» (Lc 22, 7-8.14-20; grifo meu).

Este é um dos acontecimentos mais importantes da história da humanidade. Estamos migrando da Antiga Aliança (Mosaica) para a Nova. Há nela duas conexões principais com a Antiga: primeiro, é o tempo da Páscoa, e Jesus a está celebrando. A Páscoa era, em muitos aspectos, o maior feriado e o principal sacrifício da Antiga Aliança. Depois, Jesus faz referência aos sacrifícios no Sinai, quando Moisés confirmou a Antiga Aliança com o povo de Israel. Aos pés do Sinai, Moisés aspergiu o sangue dos cordeiros sobre o altar de Deus e sobre o povo, dizendo: «Eis o sangue da aliança!» (Ex 24, 8). Jesus diz algo semelhante: «Este cálice é a Nova Aliança em meu sangue». Mais uma vez, trata-se do sangue da aliança, só que desta vez este é o «meu» sangue e a aliança é «nova». O que Jesus está fazendo aqui no Monte Sião com os Doze Apóstolos é tão importante quanto o que Moisés fizera no Monte Sinai com as Doze Tribos. A relação de aliança com Deus está sendo completamente refeita.

Jesus diz: «Este é o cálice da Nova Aliança», com o que traça uma linha reta até Jeremias 31, 31, o único lugar em todo o Antigo Testamento em que se fala em «Nova Aliança». «O que Jeremias predisse», diz Jesus, «é o que estou fazendo agora».

Mas Jesus continua: «A Nova Aliança *em meu sangue*»; em outras palavras: «A Nova Aliança consiste no meu sangue».

O que Jesus diz aqui também se aplica ao seu corpo, que Ele deu aos apóstolos alguns versículos antes. A Nova Aliança consiste em seu sangue e seu corpo, que é seu próprio eu. O que Isaías predisse está se fazendo realidade: o servo de Deus está *se tornando* a própria aliança (cf. Is 42, 6).

Jesus começa na Última Ceia algo que precisa ser completado na Cruz. Na Última Ceia Ele oferece seu corpo e sangue na forma sacramental; na Cruz, ofertará seu corpo e sangue fisicamente. No início da Última Ceia, Jesus fala sobre «não tornar a beber mais do fruto da videira até que venha o Reino de Deus» (Lc 22, 18). Muitos judeus messiânicos — isto é, judeus que se tornaram cristãos e reconheceram em Jesus o Messias — notam que os relatos da última Páscoa de Jesus com os discípulos parecem incompletos. Geralmente bebia-se quatro cálices de vinho na celebração da Páscoa. No relato de Lucas sobre a Última Ceia, que é o mais completo de todos os Evangelhos, vemos Jesus bebendo apenas o segundo e o terceiro cálices da cerimônia pascal judaica. Nesse momento, segundo Mateus e Marcos, os discípulos cantam um hino, após o qual deveriam beber o quarto e último cálice de vinho. Em vez disso, porém, eles saem do cenáculo para o Monte das Oliveiras (cf. Mc 14, 26).

Estranhamente, no Jardim do Getsêmani (que fica ao pé do Monte das Oliveiras), Jesus reza para que «este cálice passe de mim» (Mc 14, 36). Judas surge então com um grupo de soldados. Jesus é preso, e todos sabemos o fim da história: seu sofrimento, bem como a tortura e o julgamento diante do sumo sacerdote Herodes Agripa e Pôncio Pilatos.

Mas a ideia do «cálice» e do «fruto da videira» volta na Cruz, onde os soldados oferecem a Jesus uma forma crua de vinho como analgésico. Na primeira vez, Jesus o recusa (cf. Mt 27, 34), mas, na segunda, Mateus e João deixam claro que Ele o bebe! (cf. Mt 27, 48; Jo 19, 29). O relato de João é o mais conhecido:

> Em seguida, sabendo Jesus que tudo estava consumado, para se cumprir plenamente a Escritura, disse: «Tenho sede». Havia ali um vaso cheio de vinagre. Os soldados encheram de vinagre uma esponja e, fixando-a numa vara de hissopo, chegaram-lhe à boca.

O grand finale: A Aliança Eucarística

> Havendo Jesus tomado do vinagre, disse: «Tudo está consumado». Inclinou a cabeça e entregou o espírito (Jo 19, 28-30).

«Espere aí, Jesus... Achei que você tivesse dito que *não* beberia novamente do "fruto da videira" até que o reino de Deus viesse. Você esqueceu? E o que quer dizer com "está consumado"? O que é que está "consumado"?».

Acho que essa pergunta tem mais de uma resposta. Vários estudiosos sugerem que significa o encerramento da cerimônia da Páscoa: o quarto e último cálice, que Jesus parece nunca beber na Última Ceia, Ele o bebe depois, na Cruz. Essa é uma teoria que talvez nunca consigamos provar, mas que penso ser correta. O dom incruento de si mesmo na Última Ceia está ligado ao dom sangrento de si na Cruz como uma cerimônia de adoração, um ato litúrgico. A Páscoa que Jesus começa no Cenáculo se completa no Calvário. De alguma forma, isso parece muito apropriado.

O fato de Jesus ter bebido o quarto cálice na Cruz também indica que o Reino de Deus chegou. Não é o que parece. A escuridão do Calvário, com Jesus morto e, ao redor, escuridão e confusão, não parece o alvorecer do Reino de Deus. No entanto, devemos lembrar que a criação do mundo começou nas trevas, com a terra vazia e sem forma, e demorou seis dias para chegar à sua constituição completa. Da mesma forma, o alvorecer do Reino de Deus, a nova criação, realmente chega nas trevas e no vazio do Calvário.

A combinação do Cenáculo e do Calvário nos fornece o ícone da Aliança Eucarística. Primeiro, desenharei o Calvário, que é uma forma com a qual já devemos estar familiarizados:

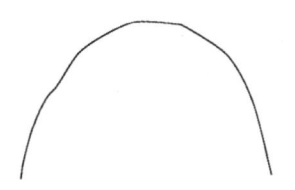

Então adicionamos o Corpo e o Sangue de um lado...

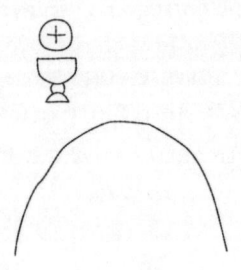

...e a Cruz do outro:

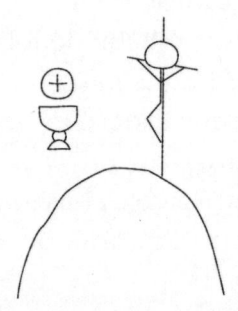

Pronto. Agora temos o ícone da Aliança Eucarística. Com efeito, a Aliança Eucarística e a Nova Aliança são a mesma coisa. No entanto, por uma questão de assimilação da história da salvação, gosto de chamá-la de «Nova» quando está sendo profetizada e «Eucarística» após a sua consolidação.

Há, no entanto, mais uma coisa que precisamos acrescentar ao ícone. São João relata ter visto algo bastante incomum aos pés da Cruz:

> Um dos soldados abriu-lhe o lado com uma lança e, imediatamente, saiu sangue e água (Jo 19, 34).

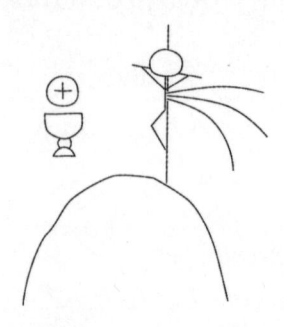

Os judeus da época de Jesus deviam estar acostumados a ver esse fluxo de sangue e água. Durante a Páscoa, dezenas de milhares de cordeiros eram sacrificados no Templo, e uma enorme quantidade de sangue escorria do lado do Monte onde ficava o Templo e descia até um riacho chamado Cedron, que corria vale abaixo. Assim, os judeus que visitavam Jerusalém na Páscoa sempre viam uma correnteza de sangue e água fluindo por ali.

No capítulo 2 do Evangelho de João, Jesus disse: «Destruam este templo e eu o reerguerei em três dias». Seu corpo é o Templo, e dele estão fluindo o sangue e a água da Páscoa. Porém, há mais do que isso aqui. O profeta Ezequiel teve uma famosa visão do novo templo do fim dos tempos, do qual fluía um rio milagroso, o rio da vida (cf. Ez 47, 1-12).

Esse rio da vida nada mais é do que o Espírito Santo, que flui do corpo de Cristo. O sangue e a água do corpo de Jesus na Cruz não era o próprio Espírito Santo, mas um *sinal* ou um *símbolo* do rio vivo do Espírito que foi libertado para nós através da morte de Jesus. Por isso, costumo acrescentar o rio do Espírito à imagem:

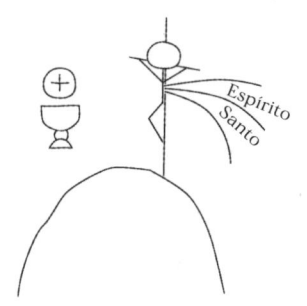

O sangue e a água do lado de Cristo também fluem para os sacramentos: o sangue eucarístico e a água do batismo. É pelos sacramentos que o Espírito vem a nós. Trata-se, ao mesmo tempo, do rio do Espírito e do rio dos sacramentos.

O fluxo físico do corpo crucificado de Jesus era um símbolo. O verdadeiro derramamento do Espírito ocorre um pouco mais tarde, em um acontecimento que chamamos de Pentecostes.

Cinquenta dias após a Páscoa havia uma festa chamada «Pentecostes», nome de origem grega: *pentekoste* significa «quinquagésimo». No tempo de Jesus, essa festa também era uma celebração da entrega da Lei (os Dez Mandamentos) no Sinai.

O segundo capítulo dos Atos dos Apóstolos nos diz que, quando chegou a festa de Pentecostes, todos os apóstolos estavam novamente reunidos no Cenáculo, local da Última Ceia. De repente, um vento forte e impetuoso veio do céu e encheu a sala, ao que línguas de fogo pousaram sobre as cabeças de cada um dos apóstolos. Era o próprio Espírito Santo, mostrando-se de forma visível.

O vento e o fogo nos lembram da aparição de Deus no Sinai também em meio ao vento, ao fogo e a outras características de uma grande tempestade. Mas a tempestade de Deus no Sinai fora assustadora, enquanto essa «tempestade do Espírito» no Pentecostes é acolhedora. O vento é forte, mas não perigoso; a chama é real, mas não fere ou destrói.

Jeremias prometera que, na Nova Aliança, a lei seria gravada no coração. Aqui, durante o Pentecostes, festa da celebração da entrega da Lei no Sinai, o Espírito Santo desce e habita os corações dos primeiros cristãos. São Tomás de Aquino diz que a lei da Nova Aliança nada mais é do que a graça do Espírito Santo. O Espírito Santo vive em nós, ensina-nos o que é certo e errado e, mais importante, nos dá o poder de fazer o que é certo.

O Espírito dado aos apóstolos no dia de Pentecostes também os capacita a falar em outras línguas. Isso atraiu uma multidão de várias regiões, a qual se uniu aos judeus presentes em Jerusalém naquele dia santo:

> Ouvindo aquele ruído, reuniu-se muita gente e maravilhava-se de que cada um os ouvia falar na sua própria língua. Profundamente impressionados, manifestavam a sua admiração: «Não são, porventura, galileus todos estes que falam? Como então todos nós os ouvimos falar, cada um em nossa própria língua materna?» (At 2, 6-8).

Esses judeus vinham de todas as partes do Império Romano, da Europa até a fronteira com a Índia. Eles estavam confusos porque podiam entender o que os apóstolos diziam. Há aqui um certo gracejo, causado pelo contraste com o antigo relato da Torre de Babel (cf. Gn 11). Em Babel, os povos estiveram confusos porque *não conseguiam entender* uns aos outros. Em Pentecostes, as multidões estão confusas porque *conseguem entender* o que os apóstolos estão dizendo! Se Babel dispersou a família humana, o Pentecostes começa a reuni-la.

Sentindo que aquela era uma excelente oportunidade para pregar, Pedro fala às multidões sobre Jesus e a salvação que Ele oferece (cf. At 2, 14-36). Se você observar cuidadosamente o que Pedro realmente diz, verá que o tema de seu sermão é o cumprimento da Aliança Davídica: Jesus é aquele que cumpre as promessas da aliança feitas a Davi. Pedro pode, desse modo, pregar aos judeus, que sabem tudo sobre a Aliança Davídica e estão esperando seu cumprimento. (Mais tarde, quando os apóstolos pregarem aos não judeus, terão de usar uma abordagem muito diferente [cf. At 14:15-17].) Ao fim do sermão de Pedro, as multidões de judeus estão profundamente comovidas:

> Ao ouvirem essas coisas, ficaram compungidos no íntimo do coração e indagaram de Pedro e dos demais apóstolos: «Que devemos fazer, irmãos?». Pedro lhes respondeu: «Arrependei-vos, e cada um de vós seja batizado em nome de Jesus Cristo para remissão dos vossos pecados, e recebereis o dom do Espírito Santo» (At 2, 37-38).

Observe que Pedro os exorta a serem batizados e relaciona o batismo ao perdão dos pecados e ao dom do Espírito Santo. O batismo é a «aspersão com água limpa» que Ezequiel previra ao falar sobre a vinda da «aliança de paz»:

> Derramarei sobre vós águas puras, que vos purificarão de todas as vossas imundícies e de todas as vossas abominações... Eu vos darei um coração novo e em vós porei um espírito novo; tirarei do vosso peito o coração de pedra e vos darei um coração de carne (Ez 36, 25-26).

De fato, no dia de Pentecostes as pessoas receberam «um novo coração [...], um coração de carne», e isso é demonstrado no fato de terem ficado «compungidos no íntimo do coração».

Corações de pedra não são fáceis de cortar. Corações de carne, no entanto, podem ser feridos, podem se compungir.

O «novo Espírito» predito por Ezequiel é o Espírito Santo, dado junto com as águas do batismo, que purificam todas as «impurezas» — em outras palavras, os pecados. Isto também foi dito por Jeremias: «A todos perdoarei as faltas, sem guardar nenhuma lembrança de seus pecados» (Jr 31, 34).

É assim que a multidão responde:

> Os que receberam a sua palavra foram batizados. E naquele dia elevou-se a mais ou menos três mil o número de adeptos. Perseveravam eles na doutrina dos apóstolos, nas reuniões em comum, na fração do pão e nas orações (At 2, 41-42).

A multidão responde abrindo-se à recepção dos sacramentos: batismo (v. 41) e eucaristia (v. 42). O versículo 42 é na verdade uma descrição da Missa primitiva. Continuamos até hoje a fazer, em cada Missa, as quatro ações ali enumeradas: «perseverança na doutrina dos apóstolos» é a Liturgia da Palavra, em que ouvimos as Escrituras explicadas à luz do ensino apostólico; as «reuniões em comum» são representadas pela coleta e pelo abraço da paz, que demonstram, respectivamente, nossa comunhão de bens e nossa unidade na caridade; a «fração do pão» é o termo inicial usado por São Lucas para designar a própria Liturgia Eucarística; e «as orações» são as orações litúrgicas que preenchem a Missa do começo ao fim.

Os sacramentos são o modo pelo qual o Espírito Santo nos é dado. Se voltarmos ao sermão de São Pedro, veremos que ele diz coisas como:

> A este Jesus, Deus o ressuscitou: do que todos nós somos testemunhas. Exaltado pela direita de Deus, havendo recebido do Pai o Espírito Santo prometido, derramou-o como vós vedes e ouvis (At 2, 32-33).

As multidões não podiam ver Jesus entronizado, mas podiam observar seus efeitos, entre os quais o derramamento do Espírito, visível nas línguas de fogo e audível tanto no vento impetuoso quanto na diversidade de línguas faladas pelos apóstolos.

A imagem que São Pedro descreve é mais ou menos assim:

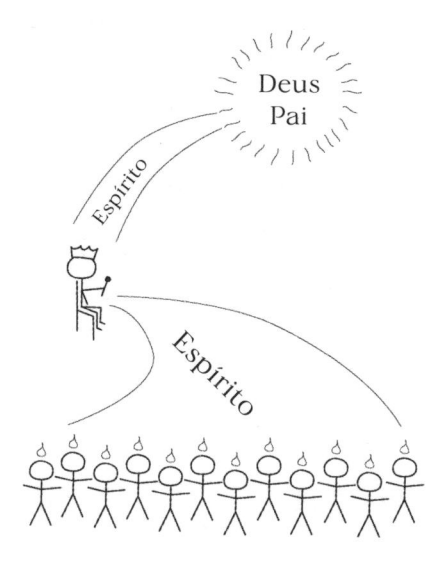

O Pai dá o Espírito a Jesus Cristo, o Filho, que o derrama sobre os apóstolos.

Jesus completa, assim, o que foi simbolizado na Cruz, onde vimos fluir do seu lado o *rio* de sangue e água. Já dissemos que aquele era um símbolo do rio da vida, o Espírito Santo, fluindo dele na forma dos sacramentos: batismo (água) e eucaristia (sangue).

Agora, em Pentecostes, o símbolo se torna realidade. Jesus derrama o Espírito Santo sobre os apóstolos, que pregam ao povo. O povo é convencido. Eles recebem os sacramentos, que também lhes comunica o Espírito Santo. Eles bebem do rio da vida que flui do lado de Cristo.

O batismo é um renascimento espiritual. É por ele que nos tornamos filhos de Deus: «Mas a todos aqueles que o receberam, aos que creem no seu nome, deu-lhes o poder de se tornarem filhos de Deus, os quais não nasceram do sangue, nem da vontade da carne, nem da vontade do homem, mas sim de Deus» (Jo 1, 12-13). Você ouvirá políticos e figuras públicas dizerem: «Somos todos filhos de Deus». Isso até parece bonito, mas não está correto. Devemos dizer: «Todos *podemos* ser filhos de Deus».

Todo ser humano tem potencial para ser filho de Deus. Mas o potencial não se torna real a menos que você seja batizado. Esse é o ensinamento dos apóstolos. Se houvesse alguma outra maneira de se tornar filho de Deus, então Jesus não precisaria vir, sofrer, morrer e ressuscitar dos mortos.

Com o dom do Espírito Santo, completamos o círculo da história da salvação. A filiação divina de que Adão desfrutara no Jardim — a relação de filiação com Deus — foi devolvida a todos os seres humanos. São Paulo diz:

> Mas quando veio a plenitude dos tempos, Deus enviou seu Filho, que nasceu de uma mulher e nasceu submetido a uma Lei [i.e., a Aliança Mosaica], a fim de remir os que estavam sob a Lei, para que recebêssemos a sua adoção. A prova de que sois filhos é que Deus enviou aos vossos corações o Espírito de seu Filho, que clama: «Abba, Pai!». Já não és escravo, mas filho. E, se és filho, então também herdeiro por Deus (Gl 4, 4-7).

Isso devolve a cada um de nós o «brilho» adâmico:

Nossos rostos resplandecem porque somos «filhos de Deus». E isso é algo único, que só pertence ao cristianismo. Outras religiões sequer *dizem* que podem fazer de você um filho de Deus. No Islã, Deus não tem filhos, mas servos — escravos, na verdade. O melhor que você pode esperar é ser um bom escravo. No budismo, Deus pode ou não existir; isso realmente não importa porque seu objetivo consiste em abandonar a ilusão da própria individualidade, e não em tornar-se filho de Deus. No hinduísmo, Deus não é um Pai amoroso, mas, em última análise, uma Força impessoal que pode assumir diferentes formas. Na maioria das formas do judaísmo, Deus é *como* um Pai — mas apenas para os *judeus*. Por fim, para o ateísmo, você é só mais um acidente perdido em um imenso universo acidental. As diferentes religiões não são caminhos para a mesma montanha. Elas escalam montanhas diferentes:

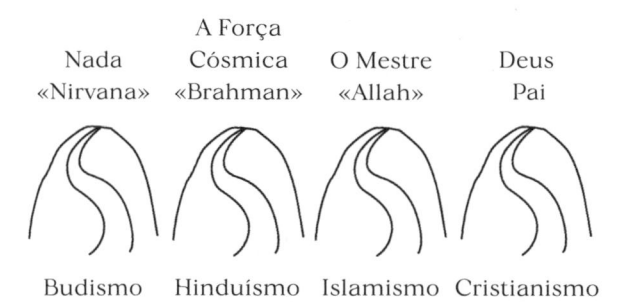

Nada	A Força Cósmica	O Mestre	Deus
«Nirvana»	«Brahman»	«Allah»	Pai
Budismo	Hinduísmo	Islamismo	Cristianismo

E, por falar em montanhas... Fizemos já um *tour* completo pelas sete montanhas e seus respectivos mediadores ao longo da história da salvação:

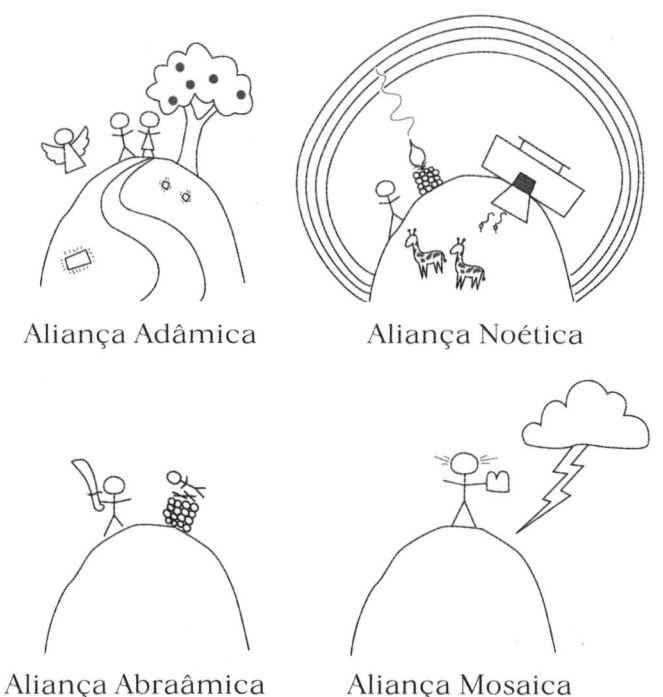

Aliança Adâmica

Aliança Noética

Aliança Abraâmica

Aliança Mosaica

Aliança Davídica   Nova Aliança

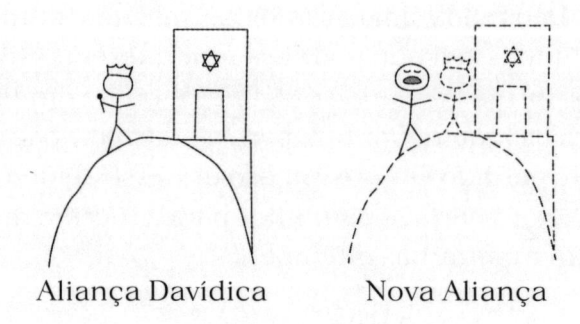

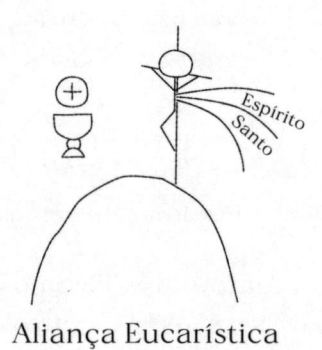

Aliança Eucarística

CAPÍTULO 8

A consumação da Aliança: as Bodas do Cordeiro

Leitura sugerida: Apocalipse 1; 17; 21-22

No capítulo anterior, vimos como Jesus estabeleceu a Aliança Eucarística por meio de sua vida, morte e ressurreição. Vimos como podemos mais uma vez nos tornar filhos de Deus, recebendo o Espírito Santo no batismo e renovando esse Espírito em nós mediante a Eucaristia e os outros sacramentos. É isso que a Igreja cristã tem feito nesses cerca de dois mil anos desde que Jesus ascendeu aos céus. Mas há uma pergunta que ainda não respondemos: para onde vamos?

Uma resposta que poderíamos dar é: para o «céu». Sabemos que a meta de cada um de nós é o céu. Caminhando com Jesus, fortalecidos pelos sacramentos, esperamos ver Deus face a face na vida que virá depois da morte física.

Mas e quanto à história humana? Deus ainda está agindo nela, guiando-a rumo a algum objetivo? A resposta para isso é um retumbante: sim! Deus não tirou as mãos do volante. Ainda estamos numa viagem, nos preparando para um casamento que vai formar uma família. Jesus voltará, a Igreja será purificada e a história chegará ao fim. A Bíblia descreve isso como as «Bodas do Cordeiro».

O único livro da Bíblia que descreve mais o fim da história é o Livro do Apocalipse. Nele um certo homem chamado João escreve uma revelação ou visão que teve do céu e do fim dos tempos. A tradição nos diz que este João é o apóstolo João, e de fato há semelhanças importantes entre o Livro do Apocalipse e o Evangelho de João.

O Apocalipse é um dos livros mais controversos da Bíblia — talvez *o* mais controverso. Nem todos os Padres da Igreja o aceitaram. Ao longo dos tempos, alguns cristãos o acharam assustador e o ignoraram. Outros o acharam fascinante e ficaram obcecados por ele. Todo mundo encontrou trechos de difícil compreensão.

Até hoje grandes debates são travados em torno do Apocalipse, e alguns cristãos quase insistem em que ele deveria ser interpretado de uma única maneira correta; caso contrário, o sujeito pode até perder a sua alma. Isso não é verdade. A salvação vem do seguimento de Jesus, que disse: «Se alguém quer vir após mim, renegue-se a si mesmo, tome cada dia a sua cruz e siga-me» (Lc 9, 23). A salvação não depende da interpretação correta do Apocalipse — o que é ótimo.

Neste breve capítulo, não vamos resolver todos os problemas de interpretação do Apocalipse. No entanto, obteremos um «amplo panorama» a respeito do lugar para onde história humana está nos levando.

Primeiro, passemos a uma pequena visão geral do livro. O Apocalipse começa com São João exilado em uma pequena ilha deserta chamada Patmos, que fica na costa da atual Turquia, perto da cidade de Éfeso, um importante centro cristão primitivo. João não é claro a respeito da época em que está escrevendo, mas pode ter sido na década de 60 d.C., durante a perseguição do infame imperador Nero. Foi Nero quem mandou executar Pedro e Paulo em Roma.

É domingo de manhã, e João de repente é arrebatado por uma visão na qual vê Jesus. Jesus agora tem um corpo glorioso que revela sua majestade divina. Nosso Senhor fez João escrever uma mensagem para as sete igrejas locais das principais cidades da Ásia Menor (atual Turquia). Nessas mensagens, Jesus encoraja e adverte a todas essas igrejas. Depois que João escreve as mensagens, é arrebatado para o céu e tem um vislumbre da adoração celestial dos santos e dos anjos. Nas visões de João, os atos de adoração que acontecem no céu são semelhantes aos celebrados na terra, que são familiares tanto aos judeus como aos cristãos:

- oferece-se o incenso em oração;
- derramam-se taças de vinho como oferta (tigelas de *libação*);
- tocam-se trombetas para louvar a Deus e chamar a atenção das pessoas; e
- pergaminhos selados são abertos e lidos.

Curiosamente, enquanto João observa essas coisas acontecendo na liturgia celeste, também vê acontecimentos dramáticos se desenrolando na terra: grandes pragas, catástrofes e julgamentos que levam ao encerramento da história. No fim de tudo, João testemunha: uma cidade muito grande e tomada pela maldade, retratada como uma prostituta, é derrubada por vários desastres. Então uma nova cidade, retratada como uma noiva, é descida do céu por Deus. Ela se une a uma figura chamada «o Cordeiro». O povo de Deus entra na cidade e Deus manda embora todas as suas tristezas, feridas e sofrimentos.

Esse é o enredo básico do livro. Agora, sobre o que ele está falando? Tenho dois palpites: (1) a Missa e (2) a história humana.

Primeiro, o Apocalipse nos fala sobre a Missa. Todos nós sabemos — ou deveríamos saber — que sempre que vamos à Missa estamos unidos espiritualmente ao culto celestial que está acontecendo a todo momento e que envolve os anjos e santos que se encontram na presença de Deus. É por isso que, um pouco antes do Santo na missa, o padre diz as seguintes palavras: «Por ele, os anjos celebram vossa grandeza e os santos proclamam vossa glória. Concedei-nos também a nós associar-nos a seus louvores». Então todos cantamos ou dizemos: «Santo, santo, santo...», como fazem os anjos em Apocalipse 4, 8.

Quando eu era pastor protestante, costumava criticar os católicos pelas estranhas cerimônias que aconteciam na Missa: todas aquelas vestes, velas, turíbulos, e assim por diante. Do mesmo modo como fazem outros protestantes, eu brincava que aquilo tudo parecia um monte de «sinos e cheiros» totalmente «antibíblicos».

É claro que nunca me perguntei se as coisas usadas no culto que frequentava eram «bíblicas»: onde, na Bíblia, encontramos ternos e gravatas? E quanto aos microfones e guitarras?

Na verdade, eu nunca tinha reparado, mas as vestes e os objetos utilizados na Missa católica são *muito* bíblicos. Simplesmente não me ocorreu olhar para o Livro do Apocalipse. Neste livro, vemos os modelos celestiais das coisas que usamos na Missa: castiçais, altares, incensos e incensários (turíbulos), vestes brancas, vasos, livros sagrados e instrumentos musicais. O Apocalipse serviu de inspiração para a nossa liturgia ao longo dos séculos. A Igreja formatou o seu culto de acordo com os padrões que Deus mostrara a João.

E isso está profundamente correto, porque, quando vamos à Missa, celebramos a mesma liturgia celebrada no céu. A mesma pessoa está no centro: o Cordeiro de Deus que tira o pecado do mundo (cf. Ap 5, 12-13; Jo 1, 29). Jesus, o Cordeiro, está no céu; e, ao mesmo tempo, seu corpo e sangue são a Eucaristia que recebemos na Missa. Ele nos une aos anjos e santos.

O Apocalipse nos mostra a realidade que acontece em cada Missa e nos ensina que nosso culto é uma antecipação do céu. Porém, nem todo mundo consegue se alegrar com isso: muitos acham a Missa chata e não ficam nem um pouco felizes em saber que ela é uma amostra do céu — a vida futura não parece, assim, tão atraente. Por que ficamos entediados durante a Missa? Porque nossos corpos não correspondem à realidade que está acontecendo. Normalmente, não experimentamos sensações físicas quando recebemos em nosso corpo o corpo, sangue, alma e divindade de Jesus. Temos de confiar, em um ato de fé, naquilo que realmente está acontecendo. Por causa do pecado, há nesta terra uma desconexão entre a realidade e os nossos corpos.

No céu, nossos corpos glorificados corresponderão à alegria do que está acontecendo. Maridos e esposas conhecem a alegria da união em um só um corpo com seu cônjuge. Assim, o Apocalipse descreve o céu como «as bodas» do Cordeiro e sua noiva. No céu, experimentaremos a alegria de estar unidos a Jesus, nosso esposo. Não será mais necessário um ato de fé para acreditar no que está acontecendo. É difícil imaginar como será, mas São Paulo, que visitou o céu, descreve: «Coisas que os olhos não viram, nem os ouvidos ouviram, nem o coração humano imaginou, tais são os bens que Deus tem preparado para aqueles que o amam» (1 Cor 2, 9).

O Apocalipse é também um livro sobre a história humana. Logo no início, João saúda os leitores cristãos com uma bênção: «Graça e paz da parte daquele que é, que era e que há de vir» (Ap 1, 4). Em certo sentido, Jesus é aquele que «é, era e há de vir». Ele está aqui no presente (que é), no passado (que era) e no futuro (que há de vir). O presente, o passado e o futuro também são três aspectos da leitura deste livro: o Apocalipse nos fala sobre a obra histórica de Jesus no passado (que era), no presente (que é) e no futuro (que há de vir). O livro funciona nesses três níveis.

«Que foi», no passado

Comecemos pelo passado. O Apocalipse descreve coisas que aconteceram há muito tempo, durante a destruição da cidade de Jerusalém em 70 d.C. Quando João o estava escrevendo, nos anos 60, esses eventos faziam parte de um futuro próximo («o que deve acontecer em breve»), mas agora nós os olhamos em retrospectiva. Grande parte do livro do Apocalipse é um aglomerado de acontecimentos que deságua na derrocada de uma «grande cidade» descrita como uma «prostituta» aliada a uma terrível «besta» ou «dragão» (Ap 17-18). Muitos pensam que esta «grande cidade» chamada de «prostituta» é a cidade de Roma, mas Roma nunca foi derrubada como acontece com esta cidade do Apocalipse. No entanto, houve outra «grande cidade» que foi derrubada na época em que o livro foi escrito e da maneira descrita (17, 16): Jerusalém. As pessoas não fazem essa conexão porque deixam passar as pistas: o Apocalipse diz que a «grande cidade» é onde o «senhor foi crucificado» (11, 8). Além disso, Jerusalém é frequentemente chamada de prostituta no Antigo Testamento (cf. Is 1, 21; Jr 2, 20; 3, 1, 8; Ez 16, 23). Na época de São João, Jerusalém era incrivelmente rica e influente — talvez a cidade mais rica do Império Romano. A descrição da riqueza da cidade no capítulo 18 do Apocalipse não é nenhum exagero quando se trata de Jerusalém.

O capítulo 17 do Apocalipse diz que a cidade denominada prostituta dependia de uma besta de sete cabeças. Esta besta provavelmente representa Roma, já que os líderes de Jerusalém deviam seu poder a Roma e dependiam de Roma para manter suas posições. Mas, por volta de 66 d.C., a relação com Roma se desfez. Jerusalém se revoltou. A «besta» que era Roma voltou-se contra a cidade e a destruiu. Essa foi uma das maiores catástrofes humanas da história antiga. O historiador judeu Flávio Josefo viveu durante a destruição de Jerusalém e registrou os acontecimentos. Ele coloca o número de vítimas na casa dos milhões e registra que sinais milagrosos apareceram nos céus — como os descritos no Apocalipse — antes da destruição da cidade. Vários estudiosos mostraram como os detalhes das pragas e da destruição mencionadas no Apocalipse soam surpreendentemente semelhantes aos acontecimentos terríveis que envolvem a tomada de Jerusalém.

O Apocalipse nos fala a respeito do passado, do que «era». Descreve, de maneira simbólica e pitoresca, as pragas e desastres que caíram sobre Jerusalém até a destruição da cidade pela «besta» romana (cf. Ap 17, 18). A cidade-templo de Jerusalém foi então substituída por uma nova «cidade-templo»: a Igreja (cf. Ap 19). A cidade nupcial que desce do céu em Apocalipse 21 substitui a cidade prostituta destruída em Apocalipse 17. Isso representa a Igreja sendo estabelecida na terra como o local de adoração a Deus em vez do Templo de pedra que outrora existira em Jerusalém.

«Que é», no presente

Mas não paramos por aqui. O Apocalipse também descreve o *presente*. Ao longo do livro, vemos padrões que se repetem em todas as épocas, incluindo a nossa. O Apocalipse conta a história da rebelião do homem contra Deus que provoca o juízo em forma de pragas. As pragas, no entanto, não resultam em arrependimento, mas em mais ódio a Deus. O Apocalipse também conta a história de uma cidade prostituída que manipula o poder global a favor de sua própria prosperidade e persegue o povo de Deus para conseguir seu intento. No final, porém, essa cidade vê-se destruída pelos próprios poderes que usava contra o povo de Deus. Sim, isso é o que as autoridades de Jerusalém estavam fazendo naqueles tempos antigos, mas houve muitas outras cidades que seguiram o mesmo caminho em vários momentos da história: Paris, Roma, Berlim, Moscou, Istambul, entre outras. Todas foram, em suas épocas, centros de poder e perseguição, desencadeando o ódio contra o povo de Deus. Por algum tempo, esse domínio parece que não terá fim, mas a cidade desmorona. Em todas as épocas vemos essas cidades-prostitutas, impérios bestiais e anticristos.

Em outro livro, o próprio São João diz: «Vós ouvistes dizer que o Anticristo vem. Eis que já há muitos anticristos, e isso conhecemos que é a última hora» (1 Jo 2, 18). Houve muitos anticristos — sempre que líderes políticos se apresentaram como salvadores enviados por Deus. Eles afirmam ser os novos messias, mas na verdade são tiranos demoníacos. Às vezes, o conflito entre o bem e o mal pode realmente tornar-se «apocalíptico». Não podemos condenar ninguém por pensar que o mundo estava chegando ao fim durante a Guerra dos Trinta Anos, a Revolução Francesa, a Primeira Guerra Mundial, a Revolução Russa, a Segunda Guerra Mundial e tantos conflitos menos conhecidos. Todos esses acontecimentos foram sinais do grande conflito que precederá a vinda de Cristo.

«Que está por vir», no futuro

Por fim, o Apocalipse realmente nos fala sobre o futuro, sobre aquilo que «há de vir». Ele descreve uma série de pragas e desastres mundiais que cairão sobre a terra antes do retorno de Cristo e do juízo final. Com base no Apocalipse e em outras partes das Escrituras, a Igreja sempre soube que haveria um tempo de teste e provação antes que chegasse o fim. O Catecismo assim o expressa: «Antes da vinda de Cristo, a Igreja deverá passar por uma prova final, que abalará a fé de numerosos crentes» (675). *«O triunfo do Reino de Cristo só será um fato depois dum último assalto das forças do mal»* (680). Muitos cristãos acreditam que os seguidores de Jesus serão «arrebatados» ou levados para o céu antes que caiam sobre a terra os tempos de provação e tribulação. Esse é um pensamento sedutor. Mas não é o que a Igreja tem acreditado ou o que as Escrituras ensinam. A teoria do arrebatamento foi popularizada por um pastor protestante chamado John Nelson Darby, da Grã-Bretanha, no início de 1800. Mas Jesus ensinou que seus discípulos passariam pela tribulação final (cf. Mt 24, 9-14, 20-21).

Como o Apocalipse é capaz de descrever a destruição de Jerusalém (ocorrida no passado) e o fim do mundo (no futuro)? Essa é uma ótima pergunta. Para entender como e por que isso acontece, precisamos aprender algo sobre Jerusalém, especialmente sobre o Templo. O Templo de Jerusalém era um símbolo de todo o cosmos, o «umbigo do universo». As vestes do sumo sacerdote, os vasos litúrgicos, a arquitetura e a decoração do próprio Templo foram projetados para representar o universo e tudo o que havia nele: o sol, a lua, as estrelas, os céus e os mares, a terra, plantas, animais, os anjos e os seres humanos. Quando o sumo sacerdote entrava no Templo para adorar e sacrificar, ele era o homem cósmico entrando no Templo do Universo para glorificar a Deus. A santidade do Templo se espalhou para conquistar toda a cidade de Jerusalém. Não era uma cidade com um templo: era uma Cidade-Templo. Portanto, quando, em 70 d. C., os romanos destruíram tanto Jerusalém quanto o Templo, esse acontecimento teve um significado cósmico. Tratava-se da destruição simbólica do universo. E os tipos de desastres que caíram sobre Jerusalém antes do fim são sinais e profecias do que acontecerá em toda a terra antes do fim dos tempos.

Mas não queremos dar tanta atenção a esses tempos difíceis que virão antes do fim. Deus nos ajudará a passar por isso, e eles não vão durar para sempre. Queremos nos concentrar na alegria que vem depois. A Bíblia chama isso de «Festa das Bodas do Cordeiro», e será literalmente a festa que encerrará todas as festas.

São João descreve essa festa das bodas do Cordeiro nos dois últimos capítulos da Bíblia. Em uma visão, ele viu «descer do céu, de junto de Deus, a Cidade Santa, a nova Jerusalém, como uma esposa ornada para o esposo». Essa noiva é muito bonita, coberta de ouro e pedras preciosas de todo tipo (cf. Ap 21, 15--21). No entanto, seria difícil fazer um vestido que lhe servisse. Alguns dizem que o tamanho ideal do vestido de noiva seria o médio, mas esta noiva media cerca de dois mil quilômetros de comprimento, dois mil de largura e dois mil de altura (cf. Ap 21, 16)! Na verdade, essa noiva é um cubo perfeito, uma grande cidade retangular que desce do céu para «casar-se» com o cordeiro. Vamos desenhá-la:

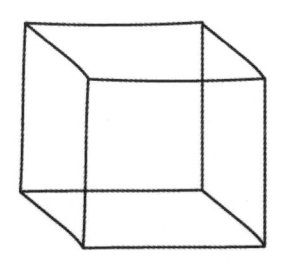

E então vamos dar-lhe asas para que ela voe do céu à terra:

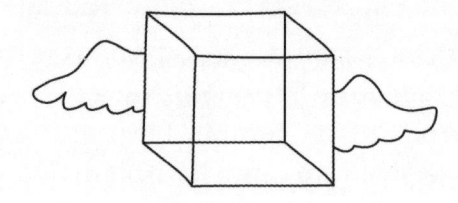

Precisamos explicar o significado do formato de cubo. Na Bíblia há apenas uma coisa sagrada que tem a forma de um cubo perfeito: o Santo dos Santos. O Santo dos Santos era a câmara mais interna do Templo, na qual repousava a Arca e se podia sentir a presença de Deus. A forma cúbica da Nova Jerusalém significa que, no futuro, todo o povo de Deus será um grande Santo dos Santos. Deus estará tão presente em cada parte de sua nova Cidade-Templo quanto estivera no Santo dos Santos.

Essa nova Cidade-Templo é a Igreja. São Paulo chama a Igreja de «templo santo no Senhor» (Ef 2, 21) e pergunta aos cristãos: «Não sabeis que o vosso corpo é templo do Espírito Santo?» (1 Cor 6, 19).

A noiva que desce do céu é a Igreja. Sabemos disso porque a Igreja é chamada de noiva, templo e Jerusalém celeste em outras partes do Novo Testamento (cf. 2, 19-22; 5, 25-32; Hb 12, 22-24). Ela desce ao encontro de seu noivo, Jesus, que aparece como um cordeiro:

Isso nos lembra o que João Batista disse quando viu Jesus pela primeira vez: «Eis o Cordeiro de Deus, que tira o pecado do mundo» (Jo 1, 29). O cordeiro está de pé sobre uma «grande e alta montanha», o celestial Monte Sião.

Juntamos tudo isso e conseguimos chegar à nossa última imagem da história da salvação: a consumação da aliança nas Bodas do Cordeiro.

A consumação da aliança significa o cumprimento ou conclusão de todas as alianças. Na Nova Jerusalém, a noiva, encontramos imagens e lembranças de todas as alianças bíblicas.

Do centro da cidade corre o rio da vida, e a árvore da vida cresce em ambas as margens do rio (cf. Ap 22, 1-2). Não víamos esse rio e essa árvore desde o Éden e da Aliança Adâmica. No entanto, devemos nos recordar que o rio de sangue e água fluindo do lado do corpo de Cristo era uma imagem do rio da vida, que é o Espírito Santo.

A cidade tem doze portas, cada uma com o nome de uma das doze tribos de Israel. Israel era neto de Abraão e herdeiro da Aliança Abraâmica (cf. Ap 21, 12).

A cidade tem doze fundações, cada uma feita de uma das pedras preciosas que Moisés usara para o peitoral do sumo sacerdote (cf. Ap 21, 19-20; Ex 28, 17-21), recordando-nos a Aliança Mosaica.

A cidade é chamada de a «cidade santa, Jerusalém». Jerusalém era a capital de Davi, que Deus escolhera para integrar a aliança que fez com o rei (cf. Ap 21, 10; Sl 132).

A muralha da cidade tem doze pilares, e neles estão escritos os nomes dos Doze Apóstolos, os mesmos homens que pela primeira vez adentraram a Nova Aliança com Jesus no Cenáculo (cf. 21, 14; Lc 22, 20, 28-30).

O melhor de cada aliança, portanto, está na noiva do Cordeiro, a Nova Jerusalém.

É claro que a noiva veio para um casamento, e um casamento forma uma aliança matrimonial. Por conseguinte, a noiva e o Cordeiro na Sião celestial estão verdadeiramente em um relacionamento de aliança. Contudo, a palavra *aliança* não aparece nestes últimos capítulos da Bíblia, e por isso não vamos contar essa última imagem como outra aliança. E por que não? Primeiro, porque é a forma final da Aliança Eucarística. Segundo, as alianças têm um propósito: formar uma família. A aliança não é o objetivo, a família é. Assim, nestes últimos capítulos da Bíblia, não ouvimos mais falar em alianças, mas vemos aparecer a linguagem da família. «Deus mesmo estará com eles. Enxugará toda lágrima de seus olhos...» (Ap 21, 3-4), como um bom pai faz com a filha que machucou o joelho. «Eu serei o seu Deus e ele será o meu filho» (Ap 21, 7): eis o que Deus promete a todos os que perseverarem na provação final. «Verão a sua face e o seu nome estará nas suas frontes» (Ap 22,4); todos terão o nome da família e verão o pai face a face.

Assim, a visão final da história humana consiste em Deus habitando com seu povo na casa de sua família, a Nova Jerusalém. Por um lado, podemos dizer que a Nova Jerusalém é o próprio céu — e, em certo sentido, isso está certo. Por outro lado, porém, sabemos que a noiva de Cristo já está presente na terra e que a Igreja já é a cidade-Templo de Deus. É preciso ter fé para enxergar isso porque, como Igreja, não somos perfeitos. No céu, nós o seremos. Assim, chamamos a Igreja do céu de «Igreja triunfante». Os que estão no céu triunfaram sobre o pecado, a morte e o demônio. Aqui na terra, por outro lado, somos a «Igreja militante», uma vez que ainda estamos lutando contra todas essas coisas. No entanto, embora estejamos batalhando, continuamos sendo a noiva de Cristo e o templo de Deus. Portanto, a visão final do livro do Apocalipse nos mostra a Igreja descendo à terra como o verdadeiro templo de Deus a fim de substituir o Templo de pedra de Jerusalém, destruído pelos romanos. Isso aconteceu no passado (70 d.C.), mas também é uma visão do futuro, quando o pecado, a morte e o demônio não mais existirão e todo o povo de Deus viverá com Ele, na condição de filhos de um mesmo pai.

Não há visão mais bela. A Bíblia não termina com o congelamento do universo, com o fim dos ciclos de reencarnação ou mesmo com um mestre divino distribuindo recompensas a seus servos. A Bíblia termina com o povo de Deus «casado» com Jesus, o Cordeiro, e vivendo em uma grande cidade que é a casa de *sua* família, onde *seu* Deus Pai também mora. É nisso que temos de colocar nossa esperança!

Mais uma palavrinha

Fizemos uma excursão-relâmpago pelo enredo da Bíblia. Espero que tenha sido útil.

O *Catecismo da Igreja Católica* diz que o princípio mais importante para interpretar a Bíblia é ter em mente *seu conteúdo e unidade* (112).

Você já se viu exposto ao «conteúdo» da Bíblia ouvindo a Missa e lendo algumas vezes a Bíblia por conta própria. O objetivo principal deste livro era mostrar a «unidade» da Bíblia — como tudo se encaixa. Assim diz uma das orações da Liturgia: «Oferecestes muitas vezes aliança aos homens e às mulheres e os instruístes pelos profetas na esperança da salvação». Vimos o quanto é verdadeira essa oração ao examinarmos a sequência de alianças ao longo da história da salvação, começando com Adão e terminando com Jesus.

Minha esperança é a de que este livro lhe tenha descortinado um panorama amplo, que ajude a dar mais sentido aos «retratos» menores — àquelas seleções de trechos bíblicos que ouvimos na Missa ou lemos por conta própria. Com o «horizonte» visual das montanhas e dos mediadores em sua imaginação, é possível encaixar a maioria das histórias e ensinamentos do Antigo Testamento em seu devido lugar. Também é possível apreciar melhor as leituras do Evangelho, pois vemos nas palavras e ações de Jesus recordações de Adão, Moisés, Davi e outros grandes mediadores de aliança. Começamos a ter a sensação de *déjà vu* que os autores do Evangelho queriam que experimentássemos ao ouvir a vida de Jesus.

Ao fim deste livro, podemos então resumir a mensagem da Bíblia: a filiação que Adão uma vez desfrutou com Deus nos foi restaurada por Jesus Cristo. Do mesmo modo como Deus soprou o «fôlego da vida» nas narinas de Adão e fez dele um ser vivente, assim também, por meio do batismo, Jesus compartilha conosco o «Espírito da Vida», o Espírito Santo que nos torna filhos vivos de Deus.

E qual é a resposta apropriada à mensagem das Escrituras?

Em primeiro lugar, *podemos receber os sacramentos com maior entusiasmo*. Agora temos uma ideia da «grande narrativa» da história da salvação. Uma boa narrativa deixa você com o desejo de participar dela: por exemplo, meus filhos ficaram encantados com a série de filmes *Star Wars* e gastaram grandes quantias de suas mesadas comprando bonequinhos e *gadgets* da franquia que os permitissem reencenar a história. Mas a Bíblia é muito melhor do que a ficção científica. É, como diz o ditado, «a maior história já contada». É natural que queiramos *participar* dela, e Deus deu-nos um caminho para isso mediante os sacramentos.

Os sacramentos nos fazem participar dos acontecimentos das Escrituras. Quando somos batizados, experimentamos:
- a criação emergindo das águas na aurora dos tempos;
- a família de Noé sobrevivendo às águas do dilúvio;
- os israelitas atravessando o Mar Vermelho;
- e Jesus afundando e subindo do rio Jordão pelas mãos de João Batista.

Pelo poder dos sacramentos, compartilhamos de todas essas experiências, e nossa história se torna parte da Maior de Todas as Histórias.

Da mesma forma, quando recebemos a Eucaristia, estamos compartilhando:
- do fruto da Árvore da Vida no Jardim do Éden;
- do maná do céu durante as peregrinações de Israel no deserto;
- das grandes festas realizadas por Davi e seus sucessores em Jerusalém;
- e da última ceia pascal de Jesus e seus apóstolos.

Todos esses acontecimentos se tornam coisas das quais também participamos, e a história das Escrituras torna-se a nossa história. Este é o mistério sacramental.

Em segundo lugar, podemos viver nossa fé católica com mais vigor. Nossa fé nos ensina que, como filhos de Deus por meio de Cristo, todos os direitos e privilégios de Adão nos foram restaurados. Como Adão, podemos chamar Deus de «Pai» (cf. Lc 3, 38). Como participantes da realeza, governamos nossas paixões e posses, em vez de sermos governados por elas. Como profetas, proclamamos a palavra de Deus para as pessoas ao nosso redor. Como participantes do sacerdócio, oferecemos a Deus nossa própria vida diariamente, como um «sacrifício vivo» para a salvação do mundo inteiro. Por fim, como noivos e noivas, encontramos nosso amor e alegria em abraçar nosso verdadeiro Esposo cada vez que nos apresentamos para receber a comunhão. À medida que procuramos viver esses papéis, podemos nos beneficiar de algumas orientações excelentes que o *Catecismo* nos oferece para que vivamos nossa participação na realeza de Cristo (908), em seu sacerdócio (901), em seu ofício profético (904-907) e como nosso Esposo (796, 1821).

Terceiro, *podemos continuar aprendendo mais sobre a Palavra de Deus.* Se você nunca leu a Bíblia antes, talvez seja hora de tentar fazê-lo. Existem vários roteiros excelentes para ler a Bíblia católica inteira em um, dois ou três anos. Enquanto você lê as Escrituras, provavelmente desejará ter à mão um livro mais volumoso sobre a Bíblia, com mais detalhes do que demos nestas poucas páginas.

Em quarto lugar, *podemos compartilhar o que sabemos.* Este livro é curto, nossas palavras foram elementares e a arte que usamos para ilustrá-lo é bem simples. No entanto, acredito que as ideias que compartilhamos e os símbolos que usamos podem ser uma maneira poderosa de lembrar e transmitir alguns conceitos profundos sobre o plano de Deus ao longo da história.

Não devemos nos orgulhar tanto de usarmos símbolos simples para nos comunicar. A cruz é um símbolo bastante simples e tem uma carga teológica maior do que poderíamos discutir em vinte livros.

Você não precisa ter doutorado nas Sagradas Escrituras para compartilhar o que sabe; antes, pode usar os esboços que aprendeu para transmitir conceitos básicos da Bíblia a uma turma de catequese, um grupo de jovens, um círculo de estudos bíblicos, um amigo ou o seu cônjuge. Alguns de meus alunos fizeram faixas de feltro ou *slides* com as sete alianças e as explicaram em cursos de um semestre para grupos de jovens.

Vá em frente, sinta-se à vontade para compartilhar!

Notas

Introdução

página 9: «citar algum dos papas dizendo»

Pelo menos dois papas fizeram declarações semelhantes a esta. Leão XIII, na encíclica *Providentissimus Deus*, chama as Escrituras de «uma carta, escrita por nosso Pai celeste e transmitida pelos escritores sagrados ao gênero humano em sua peregrinação tão distante de sua pátria celeste» (1). Pio XII, em sua encíclica *Divino afflante spiritu*, diz: «Cabe-nos ser gratos ao Deus de toda providência, que do trono de Sua majestade enviou estes livros como cartas paternas a Seus próprios filhos» (19).

página 9: «ignorar as Escrituras»

Este famoso trecho do *Comentário sobre o Profeta Isaías*, de Jerônimo (Nn. 1.2: CCL 73, 1-3), é usado no Ofício de Leituras para a Festa de São Jerônimo, em 30 de setembro.

página 10: «foi que comecei a perceber a unidade»

Alguns trabalhos acadêmicos que me ajudaram a entender o padrão de aliança nas Escrituras incluem *Kinship by Covenant: A Canonical Approach to the Fulfillment of God's Saving Promises*, de Scott W. Hahn; *Sealed with an Oath: Covenant in God's Unfolding Purpose*, de Paul R. Williamson; e *Marriage as Covenant: Biblical Law and Ethics as Developed from Malachi*, de Gorden P. Hugenberger.

Há uma convergência entre pensadores católicos, protestantes e judeus, bem como entre os críticos modernos e os Padres da Igreja, quanto a que a noção de *aliança* fornece o esquema organizador do

Antigo Testamento. Por exemplo, o crítico judeu contemporâneo R. E. Friedman escreve: «O texto E retratava uma aliança entre Deus e Israel no Sinai, o relato J acrescentou uma aliança abraâmica, o Historiador Deuteronomista Josiânico desenvolveu a aliança davídica e a narrativa sacerdotal acrescentou uma aliança com Noé. Essas quatro alianças primárias, a Noética, a Abraâmica, a Mosaica e a Davídica, teceram uma estrutura narrativa na qual os materiais legais, históricos, lendários, poéticos e assim por diante poderiam se encontrar». Por outro lado, Irineu, um Padre da Igreja, observa: «Por esta razão, quatro alianças principais [lit. «católicas»!] foram dadas à raça humana: uma, antes do dilúvio, sob Adão; a segunda, depois do dilúvio, sob Noé; a terceira, a entrega da lei, sob Moisés; a quarta, aquela que renova o homem e resume todas as coisas em si por meio do Evangelho, elevando e conduzindo os homens sobre suas asas para o reino celestial» (*Contra as heresias*, livro III, cap. 11, 8). Cf. também o Catecismo, 70-73, e Walther Eichrodt, *Theology of the Old Testament*, vol. 1.

página 11: «uma das Orações Eucarísticas»

Trecho da Ação de Graças da Oração Eucarística IV.

página 12: «fonte e ápice da vida cristã»

João Paulo II enfatizou esta verdade ao longo de seu ministério, especialmente em sua encíclica *Ecclesia de Eucharistia* (1). A declaração original é uma citação do Concílio Vaticano II, na Constituição Dogmática sobre a Igreja *Lumen gentium*, 11.

página 12: «uma forma legal de tornar alguém parte de sua família»

Minha definição preferida é «a extensão do parentesco por juramento». Para estudos técnicos sobre a natureza da aliança, cf. o artigo de Frank Moore Cross, «Kinship and Covenant in Ancient Israel», em *From Epic to Canon: History and Literature in Ancient Israel*; *Marriage as a Covenant: A Study of Biblical Law and Ethics Governing Marriage, Developed From the Perspective of Malachi*, de Gordon Hugenberger; e *Kinship by Covenant: A Canonical Approach to the Fulfillment of God's Saving Promises*, de Scott Hahn.

página 13: «os relacionamentos são casuais»

Embora não tenha sido escrito a partir de uma perspectiva cristã, a socióloga Kathleen Bogle documentou a atitude descompromissada em relação aos relacionamentos íntimos nos *campi* universitários americanos: *Hooking Up: Sex, Dating, and Relationships on Cam-*

pus. Nova York: NYU Press, 2008. Essa cultura quase nunca serve para o bem das jovens.

Capítulo 1: O filho no jardim

página 19: «As pessoas naturalmente querem sabe»

A relação exata entre o relato da criação na Bíblia e o relato científico da origem do universo tem sido discutida pelo menos desde o tempo dos Padres. Santo Agostinho acreditava que a criação ocorreu instantaneamente, e o padrão de seis dias de Gênesis 1 foi uma acomodação aos intelectos criados. Para o ensinamento magisterial sobre o assunto, cf. a encíclica *Humani generis*, do Papa Pio XII. Para um tratamento das questões envolvidas, cf. Papa Bento XVI, *In the Beginning: A Catholic Understanding of the Story of the Creation and the Fall*. Outro bom tratado segundo uma perspectiva cristã, embora não especificamente católica, é *In the Beginning: The Opening Chapters of Genesis*. Para uma leitura mais literal-histórica do relato da criação de acordo com uma perspectiva católica, cf. Victor P. Warkulwiz, *The Doctrines of Genesis 1-11: A Compendium and Defense of Traditional Catholic Theology on Origins*.

página 26: «A linguagem da criação se assemelha à linguagem de Moisés construindo o Tabernáculo no deserto»

Cf. Beale, *The Temple and the Church's Mission*, pp. 29-50. O autor afirma: «O templo do Antigo Testamento era um microcosmo de todo o céu e a terra. [...] O salmista [Sl 78, 69] está dizendo que [...] Deus projetou o templo terreno de Israel para ser comparável aos céus e à terra» (31-32).

página 27: «todo o universo uma espécie de templo».

Sobre isso, cf. Beale, *The Temple and the Church's Mission*, 50--52: «Hoje é de conhecimento geral que ruínas arqueológicas e textos do Antigo Oriente Próximo retratam templos antigos como pequenos modelos de templos celestiais ou do universo concebido como um templo» (51).

página 28: «Para o leitor antigo, a incumbência de "servir e guardar" dada a Adão»

Cf. Beale, *The Temple and the Church's Mission*, pp. 66-70: «Quando [...] essas duas palavras [...] aparecem juntas no Antigo Testamento, se referem a israelitas "servindo" a Deus e "guardando [conservando]" a palavra de Deus [...], ou aos sacerdotes que "guardam" o "serviço" [...] do tabernáculo» (67; cf. Nm 3, 7-8; 8, 25-26; 18, 5-6; 1 Cr 23, 32; Ez 44, 14).

página 28: «Os templos posteriores foram decorados para parecer-se com ele»

Cf. Lawrence E. Stager, «Jerusalem and the Garden of Eden», *Eretz Israel* 26. Festschrift F.M. Cross; Jerusalém: Israel Exploration Society, pp. 183-189.

página 29: «Os judeus antigos partiam desse princípio»

Cf. Beale, *The Temple and the Church's Mission*, p. 70.

página 30: «De que forma podemos representar Adão como profeta?»

A ideia de Adão como profeta pode ser corroborada pelo fato de que a grande maioria dos usos do termo «Filho de Adão» (do hebraico *Ben-Adam*) no Antigo Testamento se refere ao *profeta* Ezequiel (Ez 2, 1 e 92, e ainda outras vezes no próprio Livro de Ezequiel). Ezequiel é também o autor bíblico que mais tem a dizer sobre o Éden (cf. Ez 27, 23; 28, 13; 31, 9,16,18; 36, 35).

página 31: «se transforma no Bardo»

Pode ser que alguns não entendam minha piada aqui: Shakespeare é conhecido como O Bardo escreveu poesia em pentâmetro iâmbico, um certo tipo de escrita rítmica. A ideia é que, ao ver a mulher, Adão se transforma em um poeta.

página 31: «esta breve e elegante declaração de Adão [...] é a linguagem típica das alianças»

Cf. Walter Brueggemann, "Of the Same Flesh and Bone", *Catholic Bible Quarterly* 32 (1970), pp. 532-42.

página 36: «algumas características principais da Aliança Adâmica ou da criação»

Nem todos os estudiosos concordam que existe uma aliança entre Deus e Adão, mas as tradições judaica e católica geralmente privilegiam esta visão. Oséias 6, 7 (em hebraico) e Eclesiástico 14, 17 dão suporte canônico à presença de uma aliança com Adão, e este conceito é refletido nos textos litúrgicos: «Quando vossa noiva, enganada pelo maligno, perdeu a fé em vós, vós não a abandonastes. Com amor eterno renovastes com a vossa serva a aliança que fizeste com Adão» (da Consagração das Professas [Religiosas], n. 72 do *Ritual romano*). A presença de uma aliança desde o início da criação foi afirmada por São João Paulo II (*Redemptor hominis*, 7) e pelo Papa Bento XVI, *In the Beginning*, 27. Alguns intérpretes contemporâneos também defendem uma Aliança da Criação ou Adâmica: cf. Craig Bartholomew, «Covenant and Creation: Covenant Overload or Covenant Deconstruction?», *Calvin Theological Journal* 30 (1995), pp. 11-33, esp. 28-30.

página 36: «os antigos sabiam que o Éden era o modelo para a construção dos templos»

Cf. Beale, *The Temple and the Church's Mission*, p. 72, n. 101; e Lawrence E. Stager, «Jerusalem and the Garden of Eden», *Eretz Israel* 26 (Festschrift F.M. Cross; Jerusalém: Israel Exploration Society, 1999), pp. 183-189.

Capítulo 2: Recomeçar do zero

página 39: «No Antigo Testamento, serpentes não são bom sinal»

Sobre o antigo simbolismo das serpentes, cf. Richard E. Averbeck, «Ancient Near Eastern Mythography as It Relates to Historiography in the Hebrew Bible: Genesis 3 and the Cosmic Battle», em *The Future of Biblical Archeology*. Grand Rapids, MI: Eerdmans, 2004, pp. 328-56.

página 41: «o antigo templo israelita tinha apenas uma entrada, voltada para o leste»

Cf. Beale, *The Temple and the Church's Mission*, p. 74.

página 42: «As pessoas vêm se perguntando sobre o significado do nome "Filhos de Deus" desde os tempos mais remotos»

O apócrifo *Livro dos Jubileus*, escrito judaico do século II a.C., apresenta os «Filhos de Deus» como anjos caídos, assim como *O Primeiro Livro de Enoque* e outros textos judaicos desse período encontrados entre os Manuscritos do Mar Morto.

página 46: «uma renovação da aliança com Adão»

Cf. «Consagração das professas (para mulheres)», n. 72 do *Ritual Romano*, e William J. Dumbrell, *The Faith of Israel: Its Expression in the Books of the Old Testament*. Grand Rapids, MI: Baker, 1988, pp. 21-22.

Capítulo 3: Uma nova esperança

página 48: «Há respostas possíveis para todas essas perguntas»
   Cf. John Bergsma e Scott Hahn, «Noah's Nakedness and the Curse on Canaan (Gn 9:20-27)», *Journal of Biblical Literature* 124, n. 1 (2005). pp. 25-40.

página 48: «A história de Babel consiste em uma espécie de paralelo com o relato dos Filhos de Deus com as Filhas dos Homens»
   Cf. Gary A. Rendsburg, *The Redaction of Genesis*. Winona Lake, IN: Eisenbrauns, 1996. pp. 19-22.

página 50: «Deus faz três promessas específicas a Abrão»
   Cf. Hahn, *Kinship by Covenant*, p. 103.

página 53: «Quando as pessoas cortavam os animais ao meio e caminhavam entre eles»
   Cf. Jeremias 34, 12-20 e Hugenberger, *Marriage as a Covenant*, pp. 209-10.

página 53: «O que os estudiosos chamam de *condescendência divina*»
   Há um livro excelente sobre esse assunto: SD Benin, *The Footprints of God: Divine Accommodation in Jewish and Christian Thought*. Albany, NY: SUNY Press, 1993.

página 55: «Nos tempos antigos, as expressões "exaltar o nome" ou "fazer de alguém um grande nome" estava ligada aos reis»
   Cf. Moshe Weinfeld, *The Promise of the Land: The Inheritance of the Land of Canaan by the Israelites*. Berkeley: University of California Press, 1993, p. 261.

página 55: «os imperadores [...] eram "pais de muitas nações"»
   Cf. Weinfeld, *The Promise of the Land*, p. 248, e referências.

página 56: «Isso acontecia porque as cerimônias de aliança geralmente envolviam o corte de algo»
   Cf., novamente, Jeremias 34, 12-20; e Hugenberger, *Marriage as a Covenant*, pp. 193-196.

página 58: «podemos ter certeza de que Isaac cooperou plenamente»
   A tradição judaica é refletida pelo antigo historiador Flávio Josefo em *Antiguidades Judaicas*, 1:226 (edições de domínio público estão

disponíveis online); e o apócrifo 4 Macabeus 13:12, 18:3. Ver, ainda, Géza Vermès, «Redemption and Genesis XXII», em *Scripture and Tradition in Judaism. Haggadic Studies*. Leiden, Netherlands: Brill, 1961, pp. 193-227.

página 58: «uma morte que ele aceitou livremente»

Esta frase é da antiga tradução da Oração Eucarística II, agora traduzida como «abraçando livremente a Paixão».

página 58: «A expressão "unigênito"»

Cf. Gerhad Kittel (ed.), *Theological Dictionary of the New Testament*. Grand Rapids, MI: Eerdmans, 1967, 4, pp. 737-41.

página 61: «Em toda a Bíblia, "jurar" e "fazer uma aliança" têm quase o mesmo significado»

Cf. Hugenberger, *Marriage as a Covenant*, pp. 182-85.

página 63: «A tradição judaica concluiu que a matança de animais, por si só, não poderia significar muito para Deus»

As declarações deste parágrafo estão baseadas no estudo dos Targums, as antigas traduções do Antigo Testamento para o aramaico, língua falada pelos judeus no Israel pós-exílico. Os Targums não apenas traduziram, mas também ampliaram e interpretaram o texto bíblico, revelando o entendimento comum das Escrituras entre os judeus da época de Jesus. Sobre o significado da *Akedah* nos Targums, cf. Robert Hayward, *Divine Name and Presence: The Memra*. Totowa, NJ: Allanheld, Osmun, 1981, pp. 96-106; e Hahn, *Kinship by Covenant*, pp. 128-29 e as fontes citadas. Hayward afirma: «É a *Akedah* que valida os sacrifícios oferecidos no Templo para expiar os pecados; é a *Akedah* que merece a Páscoa; e é através da *Akedah* que Deus se lembra de Israel, ouve e responde a suas orações, perdoa seus pecados e os resgata de suas aflições».

Capítulo 4: As Leis de Deus e as imperfeições de Israel

página 66: «Os israelitas acabaram se tornando escravos dos egípcios»

Sobre a historicidade do Êxodo, cf. James K. Hoffmeier, *Israel in Egypt: The Evidence for the Authenticity of the Exodus Tradition*, Oxford: Oxford University Press, 1999.

página 67: «Temos outros exemplos de pessoas que fizeram isso nos tempos antigos»

Além de Moisés, o personagem histórico mais conhecido a descer um rio foi Sargão de Akkad, um rei da Mesopotâmia cujas datas situam-se entre 2270 e 2215 a.C.

página 68: «Como era de se esperar, a areia se espalhou»

Não há nenhuma tradição antiga específica que diga que a areia tenha se espalhado e exposto o corpo da vítima, mas trata-se de um cenário plausível.

página 69: «De forma misteriosa, o nome expressava a própria *realidade* da pessoa»

O rabino Berel Wein, autoridade israelense-americana em direito e teologia judaica, afirma: «Em nosso nome está nossa alma e nosso eu».

página 69: «mas uma palavra que provavelmente significava "Ele É"»

Embora não se possa ter certeza, a forma YHWH parece ser uma terceira forma imperfeita do masculino singular arcaico do verbo hebraico *hyh*, «ser». Cf. Francis Brown, *The New Brown, Driver, Briggs, Gesenius Hebrew and English Lexicon*. Peabody, MA: Hendrickson, 1979, pp. 217-18.

página 70: «a palavra "servir", em hebraico, é frequentemente usada para *adoração*»

Cf. Brown, *Lexicon*, pp. 712-13 (definições 4 e 5).

página 71: «As dez pragas eram disputas entre o Senhor, o Deus dos escravos, e os deuses dos egípcios»

Cf. Êxodo 12, 12, Números 33, 4, e John Currid, *Ancient Egypt and the Old Testament*. Grand Rapids, MI: Baker Academic, 1997, pp. 108-13.

página 73: «sereis um reino de sacerdotes»

A maioria das traduções verte a expressão como «reino de sacerdotes», mas do hebraico também pode ser traduzido como «sacerdócio real», como na tradução grega antiga (chamada Septuaginta) e no Novo Testamento (cf 1 Pe 2, 9). Para uma defesa moderna desta tradução, cf. John Davies, *A Royal Priesthood: Literary and Intertextual Perspectives on an Image of Israel in Exodus 19.6*. Londres: T&T Clark International, 2004.

Notas

página 74: «dois raios de luz saindo de seu rosto»

São Jerônimo traduziu erroneamente o verbo hebraico *qaran*, «enviar raios, brilhar», como «cultivar chifres» em Êxodo 34, 35 — um erro típico, pois o verbo *qaran* está relacionado ao substantivo *qeren*, «chifre». Cf. Brown, *Lexicon, pp.* 901-2.

página 77: «decorado com lembranças do Éden»

Cf. Beale, *The Temple and the Church's Mission*, pp. 66-80.

página 78: «adoração ao bezerro, como haviam feito no Egito»

O bezerro de ouro provavelmente representava o deus egípcio *Apis*. Cf. Moshe Weinfeld, *Deuteronômio 1-11,* Anchor Yale Bible 5. New Haven, CT: Yale University Press, 1995, p. 424.

página 79: «os cristãos encaram essas leis adicionais como um propósito penitencial»

Esta visão reflete-se no importante documento cristão antigo conhecido como *Didascália dos Apóstolos* (O Ensino dos Apóstolos), possivelmente composto no século II ou III d. C.: *The Didascalia Apostolorum in Syriac*, Vol. II: Capítulos XI–XXVI, trad. A. Vööbus, CSCO 408, Scriptores Syri 180, Leuven, Bélgica: Secretariat du CSCO, 1979, pp. 243-44. Cf. também o tratamento que São Tomás dá à Antiga Lei na *Suma teológica*, I-II, q. 98-105, esp. q. 101, art. 3, na qual responde: «Que a esses tais fossem impostos tantos preceitos, de modo a serem quase onerados pela contribuição que deviam dar para o culto de Deus, e assim não lhes sobrasse tempo para servir à idolatria»; também na q. 102, art. 3, respondia: «Assim, uma razão adicional pode ser dada para as cerimônias de sacrifício, a saber, que elas impediam os homens de oferecer sacrifícios aos ídolos. É por isso que os preceitos sobre o sacrifício não foram dados aos judeus até que tivessem caído na idolatria ao adorar o bezerro de ouro; os sacrifícios foram, pois, instituídos para que o povo, em sua propensão a oferecer sacrifício, pudesse fazê-lo a Deus e não aos ídolos». Também relevante em relação ao conceito das leis penitenciais é o estudo de Stephen D. Benin, *The Footprints of God: Divine Accomodation in Jewish and Christian Thought.* Albany: SUNY Press, 1993.

páginas 79: «Foram feitas para ensinar certas verdades espirituais»

Este é um consenso tanto na tradição cristã quanto na judaica, afirmado nos tratamentos dados à Lei Mosaica na *Suma teológica*, de São Tomás de Aquino, e no *Guia dos perplexos*, de Moisés Maimônides.

página 81: «pelo menos nove rebeliões contra Deus relatadas no Livro de Números»

Pelas minhas contas, essas rebeliões são: (1) Nm 11, 1-3; (2) 11, 4-35; (3) 12, 1-16; (4) 14, 1-38; (5) 14, 39-45; (6) 16, 1-35; (7) 16, 41-50; (8) 20, 1-13; (9) 25, 1-15.

página 83: «algumas das leis que Moisés dá em Deuteronômio não estavam entre as melhores leis de Deus»

Sobre esse assunto, cf. Hahn, *Kinship by Covenant*, pp. 73-77, bem como as fontes citadas.

Capítulo 5: O único e eterno Rei

página 90: «Oito é por vezes considerado o número bíblico que carrega o significado de um novo começo»

O oitavo dia também é o primeiro dia da próxima semana; portanto, representa o início de um novo ciclo. Oito era considerado o número de um novo começo e também do transcendente nas tradições místicas judaicas posteriores, mas não podemos ter certeza de que tivesse esse significado para todos os autores bíblicos.

página 92: «Ele também acrescentou o canto e a música na adoração»

Muitos estudiosos, seguindo o grande pensador israelense Yehezkel Kaufmann, acreditam que a liturgia mosaica era celebrada em silêncio. Cf. Israel Knohl, *The Sanctuary of Silence: The Priestly Torah and the Holiness School*. Minneapolis, MN: Fortress Press, 1994. O livro de Knohl não trata diretamente da prática da liturgia mosaica, mas retira seu título da ideia de que o antigo culto israelita era silente. A introdução da música por Davi na liturgia está registrada em 1 Crônicas 15-16.

página 93: «Segundo outra perspectiva, podemos dizer que Davi foi assim importante na Bíblia porque Deus fez com ele uma aliança muito especial»

Cf. Hahn, *Kinship by Covenant*, pp. 176-213, no qual o autor trata longamente do tema.

página 94: «uma forte conexão entre a Aliança Abraâmica e a Aliança Davídica»

Cf. Hahn, *Kinship by Covenant*, pp. 117-123.

página 97: «Quem foi Melquisedeque?»

Para a conexão entre Salém e Jerusalém, cf. Salmo 76, 2; Flávio Josefo, *Antiguidades judaicas*, 1:180; e Jon D. Levenson, *The Death and Resurrection of the Beloved Son*. New Haven, CT: Yale University Press, 1995, p. 121. Para uma discussão sobre Melquisedeque, cf. Hahn, *Kinship by Covenant*, pp. 189-93, 299.

página 98: «Todos os direitos e privilégios de Melquisedeque foram transmitidos a Davi».

HJ Kraus, *The Theology of the Psalms*. Minneapolis, MN: Augsburg 1986, p. 115: «O rei davídico ingressou nas antigas funções da cidade-estado real jebusita, cujo fundador foi Melquisedeque.»

página 98: «muitos dos Salmos de Davi não são apenas cânticos de adoração, mas profecias»

Cf., por exemplo, Atos 2, 29-31, bem como o grande rolo de Salmos entre os Manuscritos do Mar Morto («11QPsalms[a]») que termina com a declaração: «Tudo isso ele [Davi] pronunciou mediante a profecia que lhe foi dada na presença do Altíssimo» (11QPsa col. 27; cf. Geza Vermes, *The Dead Sea Scrolls in English*. 2a. ed.; Nova York: Penguin Books, 1984, p. 265).

página 99: «os dois únicos lugares na Bíblia em que a expressão "osso e carne" é usada»

Sobre esta frase, cf. Walter Brueggemann, *Of the Same Flesh and Bone*, Catholic Biblical Quarterly 32 (1970), pp. 532-42. Brueggemann argumenta que a frase-chave em 2 Samuel 5, 1 «é, claramente, uma *fórmula de aliança*, um juramento de lealdade permanente, que expressa mais uma solidariedade comunal por meio da aliança do que parentesco de sangue por nascimento» (p. 535; *grifo meu*).

Capítulo 6: Da tempestade à bonança

página 105: «As flores, os animais, o ouro e as joias lembravam o Éden e a Aliança Adâmica»

Cf. Beale, *The Temple and the Church's Mission*, pp. 66-80.

página 105: «os estudiosos apontaram semelhanças intencionais na forma como a Arca e o Templo foram construídos»

Comparem-se os três andares da arca (cf. Gn 6, 16) com os três andares do Templo (cf. 1 Rs 6, 6; Ez 41, 6). Cf. também Lawrence E.

Stager, *Jerusalem and the Garden of Eden,* Eretz Israel 26. Festschrift FM Cross, Jerusalém: Israel Exploration Society, pp. 183-189. A arca pode ser pensada como um «jardim zoológico», um microcosmo do mundo biológico e, portanto, um Éden flutuante.

página 105: «a tradição judaica posterior afirma»

Cf. a última nota do capítulo 3.

página 106: «o filho de Davi, herdeiro de sua aliança, será responsável por fazer com que Israel guarde a aliança mosaica»

É por isso que, na história bíblica subsequente, o destino da nação está tão intimamente ligado à fidelidade (ou infidelidade) do rei em relação à aliança. Compare com a perspectiva de 2 Reis 17, 21-23.

página 106: «voltaram ao culto do bezerro de ouro»

Compare Êxodo 32, 4, 8 com 1 Reis 12, 28.

página 110: «Servo especial de Deus, que é o mesmo Filho de Davi mencionado em Isaías 9 e 11»

Muitos estudiosos da Bíblia não reconheceriam o «servo» de Isaías como o mesmo «Filho de Davi» que aparece em Isaías 9 e 11. No entanto, como cristãos, sabemos que, na providência de Deus, Jesus Cristo se tornou o cumprimento vivo desses dois personagens proféticos. Além disso, existem sólidas razões exegéticas para identificar o «servo» da segunda metade do livro de Isaías (cf. Is 40-66) com o rei davídico: cf. DI Block, «My Servant David: Ancient Israel's Vision of the Messiah», em *Israel's Messiah in the Bible and the Dead Sea Scrolls.* Grand Rapids, MI: Baker, 2003, pp. 49-56; e ML Strauss, *The Davidic Messiah in Luke-Acts: The Promise and Its Fulfillment in Lukan Christology.* Sheffield, Reino Unido: Sheffield Academic, 1995, pp. 292-98.

página 111: «Refere-se ao amor da aliança»

Há muitos estudos sobre a palavra *hesed.* Um dos clássicos é o de Nelson Glueck, *Hesed in the Bible.* Cincinnati, OH: Hebrew Union College Press, 1967: «O *hesed* constitui a essência de uma aliança».

página 114: «Por essas e outras razões, os rabinos quase não permitiram que seu livro entrasse na Bíblia judaica»

Os problemas que os rabinos tiveram com Ezequiel são mencionados no Talmude Babilônico, Tratado do Sábado 13b; e na Mishná, Tratado Hagigah 2: 1. Cf. também Daniel I. Block, *The Book of Ezekiel I, caps. 1-24.* Grand Rapids, MI: Eerdmans, 1997, p. 44.

página 116: «a ressurreição também fará parte do novo cenário»

Os estudiosos com frequência afirmam que a visão de Ezequiel não tem nada a ver com a ressurreição pessoal em si, mas é interessante acompanhar a discussão em Daniel I. Block, *The Book of Ezekiel, caps. 25-48*. Grand Rapids, MI: Eerdmans, 1998, pp. 383-92.

Capítulo 7: O grand finale

página 123: «Sequer era um verdadeiro judeu»

O historiador judeu Flávio Josefo o menciona: cf. *Antiguidades judaicas*, 14:403 (14.15.2.403).

página 125: «Ele até chama Deus de seu *"Abba"*»

Cf. Scott Hahn (ed.). *The Catholic Bible Dictionary*. Nova York: Doubleday, 2009, p. 5.

página 126: «Significa que o próprio Jesus é sacerdote e tem direitos sacerdotais»

Cf. Bento XVI, *Jesus de Nazaré: do Batismo no Jordão à Transfiguração*. São Paulo, Planeta, 2017.

página 126: «o manto do sumo sacerdote era tecido sem costuras»

Cf. Flávio Josefo, *Antiguidades judaicas*, 3:159-61: «O sumo sacerdote é deveras adornado com [...] uma vestimenta de cor azul. Este também é um manto comprido, que chega até os pés... Ora, esta vestimenta *não era composta de duas peças, nem era costurada nos ombros e nas laterais, mas era uma vestimenta longa, tecida de modo a ter uma abertura no pescoço*» (grifo meu).

página 133: «Poderíamos escrever um livro inteiro de comparações entre Moisés e Jesus»

Muitos foram escritos. O melhor deles é Dale Allison, *The New Moses: A Matthean Typology*. Minneapolis, MN: Augsburg, 1993.

página 135: «Um modo tradicional de entender as duas genealogias»

Cf. minha entrada «genealogia» no *The Westminster Dictionary of New Testament and Early Christian Literature and Rhetoric*, ed. David Aune. Louisville, KY: Westminster John Knox, 2003. As genealogias no mundo antigo podiam ser elaboradas com base na legalidade, na biologia ou em ambas. Na minha opinião, Mateus mostra-se preocupado em estabelecer Jesus como herdeiro legal do trono, enquanto Lucas volta-se mais à pessoa de Maria e à família de sangue do Senhor. São José poderia ser considerado filho de dois homens (comparar Mt 1, 16 com Lc 3, 23) porque, se a tradição de que a Santíssima Virgem era filha única for verdadeira, José teria se tornado o filho legal e herdeiro de seu pai (talvez Heli, de Lc 3, 23) após se casar com ela.

página 138: «Geralmente quatro cálices de vinho eram bebidos na celebração da Páscoa»

Sobre isso, cf. Brant Pitre, *Jesus e as raízes judaicas da Eucaristia*. Campinas: Ecclesiae, 2020, pp. 147-70.

página 141: «Uma enorme quantidade de sangue escorria do lado do Monte onde ficava o Templo»

A presença desses escoamentos de sangue no Templo herodiano é registrada na *Mishná*, Tratado Middoth 3, 2: «E no canto sudoeste havia dois buracos como duas narinas estreitas, por onde o sangue que era derramado sobre a base leste e a base sul costumava escorrer e se misturar no canal de água, fluindo para o riacho Cedron» (594).

página 145: «São Tomás de Aquino diz que a lei da Nova Aliança nada mais é do que a graça do Espírito Santo»

Cf., por exemplo, a *Suma teológica*, I-II, q. 106, art. 1.

Capítulo 8: A consumação da Aliança

página 150: «A tradição nos diz que este João é o apóstolo João»

O estilo grego do livro do Apocalipse é muito diferente do Evangelho de João, e por isso muitos estudiosos pensam que não poderiam ter sido escritos pela mesma pessoa. Por outro lado, os estilos dos autores mudam à medida que envelhecem e passam pelas diferentes circunstâncias da vida. Se o livro do Apocalipse foi escrito mais cedo na vida de João (anos 60 d.C.) e o Evangelho mais tarde (anos 90 d.C.), o estilo de João pode ter mudado muito nesses trinta anos. Para uma discussão sobre a autoria do Apocalipse, cf. *The Ignatius Catholic Study Bible: New Testament*. São Francisco: Ignatius Press, 2010, pp. 489-91; Juan Chapa, *Why John Is Different: Unique Insights in the Gospel and Writings of St. John*. New Rochelle, NY, Scepter, 2013, pp. 214-216; e Michael Barber, *Coming Soon: Unlocking the Book of Revelation and*

Applying Its Lessons Today. Steubenville, Emmaus Road, 2005, pp. 1-7; 289-292.

página 151: «pode ter sido na década de 60 d.C., durante a perseguição do infame imperador Nero»

Acredita-se que o Apocalipse tenha sido escrito nos anos 90, sob a perseguição do imperador Domiciano, ou nos anos 60, sob a perseguição de Nero. Ultimamente, tem-se adotado a data anterior como a mais adequada, em parte porque não há evidência de qualquer perseguição sob Domiciano fora do próprio livro do Apocalipse. Cf. a discussão em Barber, *Coming Soon*, pp. 1-7, 289-292.

página 153: «O Apocalipse descreve coisas que aconteceram há muito tempo, durante a destruição da cidade de Jerusalém em 70 d.C»

Muitos comentaristas consideram que a cidade-prostituta de Apocalipse 17 é uma imagem de Roma. Alguns protestantes extremos consideram que seja Igreja Católica Romana. No entanto, outros apontam fortes razões para identificar a cidade-prostituta com Jerusalém. Veja a discussão em *Ignatius Catholic Study Bible*, pp. 514-515.

página 154: «A riqueza da cidade descrita no capítulo 18 do Apocalipse 18 não é nenhum exagero quando se trata de Jerusalém»

De acordo com Flávio Josefo, os romanos consideravam Jerusalém mais rica do que a própria Roma. Cf. Flávio Josefo, *A guerra judaica*, Livro VI, 6:2. Isso foi confirmado por análises arqueológicas recentes, que encontraram altas concentrações de prata na cerâmica de Jerusalém deste período, graças às grandes quantidades de moedas de prata que circulavam na cidade. Cf. «Silver Anomalies Found in Jerusalem Pottery Hint at Wealth During Second Temple Period», *Berkely Lab Research News*, 27 de setembro de 2006.

página 154: «O historiador judeu Flávio Josefo [...] registrou os eventos»

Cf. Flávio Josefo, *A guerra judaica*, especialmente os livros V e VI. Os números de baixas são dados no livro VI, 9:3. As semelhanças entre os acontecimentos que levaram à destruição de Jerusalém e a narrativa do Livro do Apocalipse foram apontadas por vários estudiosos: por exemplo, Kenneth L. Gentry, *Before Jerusalem Fell: Dating the Book of Revelation*. Atlanta, American Vision, 1998.

página 156: «A teoria do arrebatamento foi popularizada por um pregador protestante da Grã-Bretanha chamado John Nelson Darby»

Cf. Carl Olson, *Will Catholics Be «Left Behind»?*. São Francisco: Ignatius Press, 2003; e David Currie, *Rapture: The End-Times Error that Leaves the Bible Behind*. Manchester, MA: Sophia Institute Press, 2004.

página 156: «O Templo de Jerusalém era um símbolo de todo o cosmos»

Cf. Flávio Josefo, *Antiguidades judaicas*, Livro 3:180: «Pois, se alguém apenas considerar o tecido do tabernáculo e observar as vestes do sumo sacerdote, e os vasos que usamos em nossa sagrada ministração, observará [...] que todos eles foram feitos de forma a imitar e representar o universo». Da mesma forma, o antigo filósofo judeu Fílon, na *Vida de Moisés*, L, 2:143: «Então [Moisés] outorgou [aos sacerdotes] suas vestes sagradas, dando a seu irmão [Aarão, o Sumo Sacerdote] o manto que lhe chegava até os pés e o manto que lhe cobria os ombros, como uma espécie de peitoral, sendo uma túnica bordada, adornada com toda sorte de figuras e uma representação do universo». Cf. também *Vida de Moisés*, 2:135; e o Livro da Sabedoria 18, 24. Cf. também GK Beale, *Cosmic Symbolism of Temples in the Old Testament*, pp. 28-9; *The Temple and the Church's Mission: A Biblical Theology of the Dwelling Place of God*, Downers Grove, IL: InterVarsity Press, 2004; e Jon D. Levenson, *Sinai & Zion: An Entry into the Jewish Bible*. Minneapolis: Winston Press, 1985, pp. 138-139: «O Templo [...] é um microcosmo do qual o próprio mundo é o macrocosmo».

Sugestões de leitura

Gray, Tim; Cavins, Jeff. *Walking with God: A Journey Through the Bible.* West Chester, PA: Ascension Press, 2010.
Trata-se de uma excelente visão geral do conteúdo e da estrutura da Bíblia, com uma interpretação católica adequada.

Hahn, Scott. *A Father Who Keeps His Promises.* Cincinnati: Servant Books, 1998.
Uma visão semelhante, porém mais substancial, da história da salvação.

Hahn, Scott. *Understanding the Scriptures: A Complete Course in Bible Study.* Didache Series. Chicago: Midwest Theological Forum, 2005.
Escrito como texto para o ensino médio, este belo livro também é excelente para a leitura pessoal. Usando uma estrutura de aliança muito semelhante a esta *Bíblia explicada*, ele trata as Escrituras com muito mais profundidade.

Rojas, Carmen. *How to Read the Bible Every Day: A Guide for Catholics: A One-Year, Two-Year, and Three-Year Plan for Reading Through the Scriptures.* Cincinnati: Servant Books, 1988.
Este livreto contém tabelas com planos de leitura da Bíblia a fim de ajudá-lo a ler as Escrituras no ritmo que você escolher.

Sri, Edward. *The Bible Compass: A Catholic's Guide to Navigating the Bible.* West Chester, PA, Ascension Press, 2009.
O dr. Sri trata com clareza de importantes questões de fundo capazes de orientar a forma como interpretamos a Bíblia.

Orientações para estudo

Capítulo 1: O filho no jardim

Revisão

1. De que modo a criação de Deus é como o Tabernáculo e o Templo?

2. Por que é importante entender os papéis de Adão como filho primogênito, sacerdote, rei, profeta e noivo?

3. Descreva as características do Éden que o caracterizam como o «santuário original».

Questões para debate

1. O que você aprendeu sobre o «sentido da vida»?

2. Como uma compreensão mais profunda a respeito de quem você é chamado a ser pode impactar sua vida diária? Dê um exemplo.

3. Que coisas na natureza lhe trazem à mente a presença de Deus?

Capítulo 2: Recomeçar do zero

Revisão

1. Por que é importante que o próprio Deus tenha vestido Adão e Eva depois da queda? O que é preciso observar em relação à maneira como Ele os vestiu?

2. Por que a poligamia está fora do plano de Deus?

3. De que modo a Aliança Noética é uma renovação da Aliança Adâmica?

Questões para debate

1. Quando estava no jardim com Adão e Eva, a serpente colocou em dúvida a confiabilidade de Deus. Você consegue pensar em alguma dúvida ou mentira que o inimigo esteja lhe apresentando a respeito do amor do Pai e de Seu desejo de ver você crescendo como Seu filho?

2. Quais são suas observações acerca da separação que há na cultura atual entre o plano de Deus para o casamento e seu efeito na sociedade?

Capítulo 3: Uma nova esperança

Revisão

1. Descreva os paralelos entre a queda de Adão e a queda de Noé.

2. Quais são as três promessas que Deus fez a Abrão?

3. De que modo o sacrifício de Isaac é um *pré-jà vu* do sacrifício de Jesus? Apresente as comparações.

4. Por que era importante que os judeus oferecessem seus sacrifícios de animais no mesmo lugar em que Isaac seria sacrificado?

Questões para debate

1. Você consegue se lembrar de uma ocasião em que rezou pedindo algo que Deus não lhe deu no tempo em que você esperava? Você esperou pela resposta ou resolveu o problema com suas próprias mãos?

2. Discorra sobre alguma ocasião em que Deus lhe pediu para sacrificar algo. Você obedeceu? Qual foi a consequência?

Capítulo 4: As Leis de Deus e as imperfeições de Israel

Revisão

1. De que modo as pragas enviadas por Deus se relacionam com os deuses egípcios?

2. De que modo Israel é um novo Adão?

3. De que modo o incidente do bezerro de ouro mudou o relacionamento entre Deus e Israel?

4. Por que Israel levou quarenta anos para entrar na Terra Prometida?

5. Por que as leis do Deuteronômio eram necessárias? Dê exemplos.

Questões para debate

1. Deus se identificou a Moisés na sarça ardente, revelando seu nome: YHWH, que significa «Eu sou o que sou». Você sabe o significado do seu nome? De que modo esse significado reflete sua identidade?

2. Os israelitas adotaram muitos dos costumes idólatras da cultura egípcia. Quais são os bezerros de ouro atuais da nossa cultura moderna? Quais são os ídolos que os fiéis cristãos adoram, consciente ou inconscientemente?

Capítulo 5: O único e eterno rei

Revisão

1. Como Davi prenunciou Cristo?

2. De que modo as três promessas feitas a Abraão são parcialmente cumpridas na Aliança Davídica?

3. Explique, em sua relação com Davi, o versículo do Salmo 110: «Tu és sacerdote para sempre, segundo a ordem de Melquisedeque».

4. Além de rei e sacerdote, de que modo Davi é também profeta?

Questões para debate

1. Jessé, o próprio pai de Davi, não pensava nele como a primeira escolha para ser o novo rei, pois Davi era jovem e apenas um pastor. No entanto, ele foi a escolha de Deus. Pense em uma ocasião em que você julgou alguém apenas por sua aparência e depois ficou positivamente surpreso por estar errado.

2. Os Salmos contêm algumas das orações mais profundas do rei Davi e são sempre recitados e cantados na Liturgia. Você tem um salmo favorito de louvor? De arrependimento? De ação de graças?

Capítulo 6: Da tempestade à bonança

Revisão

1. Discorra sobre as semelhanças simbólicas entre o Templo e:

   a) O Jardim do Éden.

   b) Arca de Noé.

2. Como Salomão influenciou a literatura bíblica?

3. Quem foram os três grandes profetas e que papel desempenharam em Israel durante o exílio?

4. Por que a profecia de Jeremias é tão significativa em relação à aliança de Deus com seu povo?

5. O que Ezequiel profetizou acerca do Reino Davídico? Como isso se cumpre em Cristo?

Questões para debate

1. Deus concedeu ao rei Salomão o dom da sabedoria, conforme seu pedido. Se Deus lhe permitisse escolher um dom especial, o que você pediria? Por quê?

2. Qual é o seu livro sapiencial favorito da Bíblia? Por quê?

3. Discorra sobre o papel da profecia no mundo de hoje. É importante para a Igreja? Qual é o papel das Escrituras na profecia?

Capítulo 7: O grand finale

Revisão

1. O que havia de diferente em Judá após o retorno do exílio?

2. Discorra sobre os problemas com os sucessivos reis após o exílio.

3. Por que a descrição de Mateus da genealogia de Jesus é importante?

4. Explique brevemente como Jesus cumpre todas as alianças do Antigo Testamento.

Questões para debate

1. Como você responderia a alguém que afirmasse que Jesus é apenas um caminho para se chegar a Deus e que existem muitos outros caminhos?

2. Há alguma novidade neste capítulo que lhe tenha permitido compreender mais profundamente a Aliança Eucarística? Se sim, você acha que terá algum impacto em sua participação na Missa ou em sua vida em geral?

Capítulo 8: A consumação da Aliança

Revisão

1. Descreva as coisas utilizadas na adoração que ocorre no céu (e também são usadas aqui na terra durante a Sagrada Liturgia).

2. Que cidade é a «grande cidade» ou a «prostituta»? Explique.

3. De que modo o Apocalipse pode explicar tanto a destruição de Jerusalém (em 70 d.C.) quanto o fim do mundo (no futuro)?

4. Descreva a «noiva» e o «noivo» no Apocalipse. O que é significativo a respeito do «aspecto» da noiva?

Questões para debate

1. Se a Missa é uma antecipação do céu, por que não se «parece» com o céu?

2. O que você diria para alguém que acredita no «arrebatamento»?

3. Pense no último casamento que você assistiu e no que você observou a respeito da reação do noivo ao ver sua noiva entrar no altar. Pense também na reação da noiva e reflita acerca do motivo pelo qual as Escrituras descrevem o céu como um casamento.

Direção geral
Renata Ferlin Sugai

Direção editorial
Hugo Langone

Produção editorial
Gabriela Haeitmann
Juliana Amato
Ronaldo Vasconcelos

Capa
Gabriela Haeitmann

Diagramação
Sérgio Ramalho

ESTE LIVRO ACABOU DE SE
IMPRIMIR A 21 DE AGOSTO DE 2024,
EM PAPEL PÓLEN BOLD 90 g/m².